U0089476

古代歷史文化研究輯刊

十 編

王 明 蓀 主編

第 17 冊

五代史研究（下）

曾國富 著

國家圖書館出版品預行編目資料

五代史研究（下）／曾國富 著 — 初版 — 新北市：花木蘭文
化出版社，2013〔民 102〕
目 2+182 面；19×26 公分
（古代歷史文化研究輯刊 十編；第 17 冊）
ISBN：978-986-322-345-0（精裝）
1. 五代史
618   102014412

ISBN-978-986-322-345-0

古代歷史文化研究輯刊
十 編 第十七冊   ISBN：978-986-322-345-0

五代史研究（下）

作　　　者　曾國富
主　　　編　王明蓀
總 編 輯　杜潔祥
出　　　版　花木蘭文化出版社
發 行 所　花木蘭文化出版社
發 行 人　高小娟
聯絡地址　235 新北市中和區中安街七二號十三樓
　　　　　　電話：02-2923-1455／傳真：02-2923-1452
網　　　址　http://www.huamulan.tw 信箱 sut81518@gmail.com
印　　　刷　普羅文化出版廣告事業
初　　　版　2013 年 9 月
定　　　價　十編 35 冊（精裝）新台幣 62,000 元
版權所有・請勿翻印

五代史研究（下）

曾國富　著

作者簡介

曾國富，漢族，1962 年生，廣東信宜人。1984 年畢業於中山大學歷史系，歷史學學士。1986 年9 月至 1988 年 2 月，在江西大學（今南昌大學）歷史系中國古代史助教班進修壹年半。1996 年12 月被評聘為歷史學副教授。在湛江師範學院從事《中國古代史》、《史學概論》、《中國教育史》、《廣東地方史》等課程的教學和中國古代史（五代十國段）、廣東地方史的研究。在《中國史研究》、《中國史研究動態》、《民族研究》、《孔子研究》、《宗教學研究》、《黑龍江民族叢刊》、《學術研究》、《廣東社會科學》、《廣西社會科學》等學術刊物上發表史學論文 80 餘篇，其中五代十國史論文 50 餘篇，參編《新國學三十講》、《中外歷史與文化概論》等教材 3 部。

提　　要

本書 27 篇文章是作者 20 多年來在五代十國史研究方面取得成果的其中一部分。

五代吳越國在近百年的歷史時期中，始終推行崇重佛教的政策，使佛教在吳越國獲得了重大的發展；同時，儒學對吳越國統治者的影響也很大。面對契丹的擴張和擄掠，中原五代政權分別採取過籠絡、防禦、反擊、「和親」、挑戰以及主動出擊等政策。後唐時期一度出現「小康」之局，表現在疆域擴大，國力強盛，四方來朝，局勢安定，經濟得到發展，文化有所成就等方面。李存勗（莊宗）建立後唐王朝後，只維持了 4 年的統治，皇權就在國內動亂中喪失了，史稱莊宗「失政」；莊宗失政，給我們留下了深刻的歷史教訓。後周與北漢之間進行的高平之戰，在五代史上並非一場大戰，但它卻是五代史的一個轉捩點，意義非常重要。五代時期，吳越國統治者具有較鮮明的重民思想，在重民思想的指導下，吳越國實行了一系列的利民施政，為吳越國經濟的發展，社會的穩定奠定了基礎。

此外，本書論文對南越國與南漢國歷史的異同、南漢宦官專政、南平史、士人的任廢與南漢的興衰、錢鏐與傳統宗教、後唐莊宗明宗政治得失之比較、晉王李存勗滅後梁的條件、吳越國王錢鏐、五代時期割據政權中道士受寵現象、南漢國主劉龑、孟知祥為什麼能割據兩川、後唐對蜀戰爭、後漢速亡等問題，都作了深入的論述。

目

次

三十、後周高平之戰述論

摘　要

　　五代時期是一個分裂混戰的時期，戰爭經常發生。後周與北漢之間進行的高平之戰，在五代史上並非一場大戰，但它卻是五代史的一個轉捩點，意義非常重要。本文對高平之戰的緣起、雙方勝負的原因以及戰爭的意義作了敘述和分析。

關鍵詞：高平之戰；周世宗；北漢

一、戰爭的緣起及經過

　　高平之戰發生在五代時期後周顯德元年（954年）三月。戰爭的雙方是後周與北漢。戰爭的結局以後周獲勝而告終。這場戰爭是怎樣發生的？

　　後周的建國者是郭威。郭威在前朝後漢時任樞密使，手握重兵，從鄴都（今河北大名縣）稱兵指闕，推翻了後漢政權，另建了後周國家。後漢殘餘勢力劉崇（後改名劉旻）割據河東，以太原府爲核心，建立了北漢政權。郭威建立後周以後，集中全力於國內事務，對北漢採取防禦政策。劉崇不甘心於屈居河東一隅。他曾對其大將張元徽表示：「期以公等勉力以復國家之讎，至於稱帝一方，豈獲已也」，〔註1〕說明劉崇有志於興兵南下，重新奪回既已失去的後漢天下。但河東地狹民少，兵微將寡，國力遠不如後周。因此，北漢屢次出兵攻周，都沒有獲得成功。其中，廣順元年（951年）二月，劉崇發兵五道齊攻晉州（今山西臨汾市），被後周守軍、援軍打得大敗，墜崖谷死者無數。劉崇從此「息意於進取」。〔註2〕顯德元年，後周太祖郭威去世，世宗柴榮新立。劉崇認爲這是千載一時之機，於是向契丹乞師。二月，北漢與契丹聯軍（以下稱北軍）南下。高平之戰由此而爆發。

　　當時，契丹遣楊袞將萬餘騎爲援，北漢主劉崇親自率兵三萬，以張元徽爲前鋒都指揮使，自團柏（今山西祁縣東團柏村）南趨潞州（山西長治市），力量強大，陣容鼎盛。劉崇進兵，是懷著必勝信心的。

　　面對北軍南下，周世宗決定率軍親征。世宗親征，遇到很大的阻力。群臣都劇烈反對。反對的理由有二：一、北漢主劉崇自晉州慘敗以來，勢蹙氣沮，必不敢自來；二、世宗新即位，人心易搖，不宜輕動。大臣們都建議世宗命將禦之即可。滿朝將臣中，只有王溥一人力勸世宗親征。周世宗最終力排眾議，下詔宣佈三月十一日離京親征。

　　世宗決意親征，自有他的考慮：一、劉崇慶幸後周遇喪，親自率兵南下，以爲柴榮無暇顧及。親征，則能出敵意外，以奇取勝。二、劉崇輕視柴榮年少（按，柴榮即皇帝位時三十三歲）新立，遂生併吞天下之心，如不挫其銳氣，後周將難有安寧之日。但更深層次地追索探討，周世宗親征，主要原因在於希望通過戰勝，以確立自己的威信，鞏固自己的地位。

　　〔註1〕《十國春秋》卷第一百七，張元徽傳。
　　〔註2〕《十國春秋》卷第一百四，世祖本紀。

原來，郭威本有二子，在興兵奪位時被後漢誅殺。及即帝位，郭威無子可嗣，只得準備讓養子柴榮繼承皇位。但柴榮即位之前，並無奇勳顯勞，眾望未孚，人心未歸。而五代時期，「彊臣擅兵以思篡奪者相沿成習，無有寧歲」，「主臣蹀血以競雌雄，敗則族，勝則帝」，﹝註3﹞形勢險惡難測。柴榮呢，「無尺寸之功，環四方而界（傲慢）立者，皆履虎咥人之武人。榮雖賢，不知其賢也，孤雛視之而已」。﹝註4﹞就是說，當時立於柴榮身旁的，是虎視眈眈，跋扈不遜的武人；柴榮雖然賢良，但諸將對這一點視若無睹，只作一無能小兒視之。加上柴榮以養子繼位，這在「異姓者不得爲後」的封建社會，尤其難以爲人心悅誠服地接受。所以，世宗雖然手握兵柄，但地位畢竟未得鞏固。柴榮要爭取人心歸向，鞏固自己的地位，首要的任務是建功立業，功成自然位定。早在廣順二年（952 年），兗州慕容彥超反，柴榮當時是澶州節度使，就「累表請征行」，﹝註5﹞也是急於立功樹威。只是由於居心叵測的樞密使王峻的阻撓，才未成行。這次北漢大軍南下，既事關重大，也是柴榮立功的一個良好機會。柴榮當然不會輕易放棄。

周世宗這次親征，不能認爲是冒險之舉。在戰略上，周世宗是作好了充分準備的。他兵分三路，以分北漢兵力：北路，以天雄節度使符彥卿自磁州（河北磁縣）固鎮出北軍之後，以鎮寧節度使郭崇副之。時北軍已攻潞州，後周北路軍往北行，至遼州（山西左權縣）界，則兵出其後，令敵腹背受敵。西路，以河中節度使王彥超引兵自晉州東北出發，邀擊北軍，以保義節度使韓通副之。南路，這是後周的主力軍，由侍衛馬軍都指揮使兼寧江節度使樊愛能、侍衛步軍都指揮使兼清淮節度使何徽、義成節度使白重贊、鄭州防禦使史彥超、前耀州團練使符彥能等將軍先趨澤州（山西陽城縣）。周世宗即隨南路軍御駕親征。

北軍自團柏出發，在梁侯驛初戰告捷後，乘勝進逼潞州。進軍至高平（山西高平縣），與後周軍隊相遇。北軍即於高平南面高原布陣，兵分三支：中軍陣於巴公原（山西晉城縣東北），由北漢主劉崇指揮；東爲張元徽軍，西爲契丹揚袞軍。後周採取相應對策，也分三軍布陣：白重贊、李重進將左軍居西；樊愛能、何徽將右軍居東；向訓、史彥超將精騎居中；殿前都指揮使張永德

────────────

﹝註3﹞王夫之《讀通鑑論》卷三十，一○。
﹝註4﹞王夫之《讀通鑑論》卷三十，一四。
﹝註5﹞《舊五代史》卷一百一十四，世宗紀第一。

將禁軍護衛世宗。兩軍既已布陣，劉崇即令其東軍張元徽先進。張元徽將千騎進擊後周右軍。合戰未幾，樊愛能、何徽引兵先遁，導致後周右軍迅速潰敗，步兵千餘人解甲向北軍投降。在此危急關頭，周世宗親自率禁軍冒死出戰。很快，局勢陡轉。後周軍隊反敗為勝。北漢東軍將領張元徽馬倒被殺，軍心動搖，遂致一敗塗地。「北漢主自舉赤幟以收兵，不能止」，被後周軍追至高平；沿途「僵屍滿山谷，委棄御物及輜重、器械、雜畜不可勝紀」。〔註6〕劉崇最後只帥百餘騎由雕窠嶺遁歸。

高平之戰，速戰速決，以後周奪取輝煌的勝利而告終。戰爭至此已告一段落。但周世宗未能審時度勢，毅然班師；而是心存僥倖，企圖乘勝擴大戰果，一舉滅掉北漢，結果未能如願。

周世宗這次親征，原來的目的只是挫敗北漢的入犯，並沒有考慮到直搗太原府，犁庭掃閭消滅北漢；軍需也是圍繞這一目標而作準備的。高平一戰，周世宗的目的已經實現，理應班師回朝，以俟將來；但周世宗得勝心盛，不聽將領們的勸阻，一意孤行，揮師再進。劉崇逃歸太原後，「收散卒，繕甲兵，完城塹以備周」；又取得契丹方面的增援。後周方面，芻糧不足，士有歸心，出現軍士剽掠現象。原來爭以食物迎接周師的北漢民眾大失所望，紛紛退保山谷以抗拒。後周諸軍數十萬聚於太原城下，久攻不克，士卒疲病。為解決軍需供應問題，周世宗下令募民入粟拜官；又發澤、潞、晉、繹、慈、隰及山東近便諸州民運糧以饋軍。總之，後周陷於被動局面，加之霖雨不止，情勢不利。周世宗至此才下令班師。這時，後周軍隊已成騎虎之勢，上易下難。倉猝退軍，堆集城下的芻糧無法運送，只得盡數焚棄；退軍途中，軍中訛言相驚，隊伍混亂；所得北漢州縣，旋踵復失。孫子兵法說，知己知彼，百戰不殆。周世宗在高平決戰後，未能知己知彼，企圖僥倖取勝，結果勞師三月，徒然無功。其先勝利是輝煌的，其後損失也是沉重的。這是後周高平之戰給我們留下的一個教訓。

二、高平之戰周勝漢敗的原因及其意義

認真考察分析這場戰爭，可知後周取得利，並非是偶然的。

首先，周世宗親征，穩定了軍心，鼓舞了士氣。當北漢、後周兩軍布陣完畢時，後周軍見北軍「眾頗嚴整」，眾心危懼。在此之際，周世宗卻「志氣

〔註 6〕《資治通鑒》卷二百九十一，後周紀二。

益銳」，並「介馬自臨陣督戰」，使一度動搖的軍心穩定下來。戰鬥開始後，後周右軍一觸即潰。周世宗「見軍勢危，自引親兵犯矢石督戰」。引五十騎直衝北漢主的牙帳。世宗此舉，大大激勵了士氣。宿衛將趙匡胤（後來北宋王朝的建立者）對同列將校高聲吶喊：「主危如此，吾屬何得不致死！」並身先士卒，馳犯敵鋒；內殿直馬仁瑀亦厲聲對將士說：「使乘輿（皇帝）受敵，安用我輩！」躍馬引弓大呼，連斃敵數十。由於世宗親戰，由於諸將努力，「周軍爭奮」，「士氣益振」，「士卒死戰，無不一當百」。〔註7〕後周軍因茲力挽狂瀾，反敗爲勝。

其次，北漢主帥輕敵驕矜，爲其敗北埋下禍患。戰爭伊始，劉崇「見周軍少，悔召契丹，謂諸將曰：『吾自用漢軍可破也，何必契丹！今日不惟克周，亦可使契丹心服。』」北漢「諸將皆以爲然」。其時，契丹軍帥楊袞策馬前望周軍，認爲周軍強勁，未可輕進。劉崇卻剛愎自用，冒然勒兵出戰。〔註8〕戰爭中，劉崇見後周右軍潰敗，志得意驕，於戰陣之中張樂置酒，以示閒暇灑脫；及世宗率軍突至，則驚惶失次。北漢東軍統帥張元徽以驍勇著稱，敗後周右軍，即「氣益驕」，魯莽地直前略陣，結果馬倒被殺。北軍因此「將士皆氣奪，而兵遂不振」。〔註9〕北軍西路是楊袞統率的契丹軍，按照劉崇的安排，居高袖手觀戰，萬餘騎並未投入戰鬥。及至北漢敗局已定，契丹軍「畏周兵之強，不敢救；且恨北漢主之語，全軍而退」。〔註10〕驕兵必敗。這又是一個歷史教訓。

另外，戰爭中，南風給予了後周軍隊極大的幫助。歷史唯物主義者肯定歷史發展的必然性，同時又承認歷史發展的偶然性，認爲有時候偶然性會對歷史事件產生重要乃至決定性的影響。三國時期的赤壁之戰，東南風爲孫、劉聯軍火攻曹營創造了有利條件，決定了曹操失敗的命運。這是眾所周知的。風，在古代騎兵戰中，同樣具有重要的作用。順風，不僅有利於軍隊命令的傳達，有助於軍隊的吶喊壯威和衝鋒陷陣；同時，使滾滾塵埃揚向敵陣，防礙敵軍視線，造成敵陣的混亂。高平之戰前夕，「東北風方盛，俄而忽轉南風」。北漢副樞密使王延嗣使司天監李義催劉崇出戰，樞密直學士王得中就扣馬進諫，指出，「風勢如此，豈助我邪！」建議斬李義，等候風止再戰，但沒有被

〔註7〕 《資治通鑑》卷二百九十一，後周紀二。
〔註8〕 《資治通鑑》卷二百九十一，後周紀二。
〔註9〕 《十國春秋》卷第一百七，張元徽傳。
〔註10〕 《資治通鑑》卷二百九十一，後周紀二。

劉崇接受。戰鬥中,「南風益盛,周軍爭奮,北漢兵大敗」。〔註11〕

　　高平之戰的勝利,對後周而言,意義是非常重大的。

　　(1)高平戰勝,使後周避免了一場很可能發生的大動亂、大浩劫。

　　清代學者王夫之將高平之戰視為「治亂之樞機」。為什麼呢?因為五代時期,「驕帥挾不定之心,利人之亡,而因釁(售)其不軌之志;其戰不力,一敗而潰,反戈內嚮,殪故主以迎仇讎,因以居功,擅兵擁土,尸位將相,立不拔之基以圖度非分」。〔註12〕這類現象,在五代史上屢見不鮮。如前所述,周世宗身邊,這樣的將帥是不乏其人的。樊愛能、何徽僅是其中之一二。高平之戰,如果世宗不是親征,並且身先士卒,視死如歸,而是坐守汴京,只仰諸軍禦敵,諸軍小戰不勝,即崩潰而回;回則畏懼君主咎罪,必然鋌而走險,倒戈而反,「寇未入而孤立之君殪」的局面難免不再重演。一旦後周君死國破,契丹必乘亂而入,「打草穀」之災又將再來。後周高平戰勝,驕將暴卒受誅,北漢、契丹垂翅而北,「於是主乃成乎其為主,臣乃成乎其為臣,契丹不戰而奔,中國乃成乎其為中國」。〔註13〕

　　(2)高平之戰,為後周嚴肅軍政,裁冗留精,創建一支「士卒精強,近代無比」的中央禁軍創造了有利條件。

　　嚴肅軍政,表現在罰罪獎功方面。高平之戰中,後周軍隊將庸兵惰、軍紀不嚴的問題充分暴露出來。樊愛能、何徽右軍一觸即潰,「步兵千餘人解甲呼萬歲,降於北漢」。二將引數千騎南逃後,又「控弦露刃,剽掠輜重」,使役夫驚走,失亡甚多。周世宗遣近臣及親軍校追諭止之,逃軍不僅拒不奉詔,反而殺戮使者。戰後,周世宗休兵於高平,將望敵先逃的樊愛能、何徽及所部軍使以上七十餘人,以及未戰而解甲降敵的步兵盡行誅殺!「自是驕將惰卒始知所懼,不行姑息之政矣」。反之,對驍將勇兵進行論功行賞:一批將帥得到晉升;「自餘將校遷拜者凡數十人,士卒有自行間擢主軍廂者」。〔註14〕

　　與此同時,周世宗乘機裁冗取精,建立了一支堅強銳利的禁軍隊伍。後周原來擁有一支數量龐大的禁軍。這支軍隊歷代相承,羸老者居多,不夠精銳;而且由於禁軍地位高,將士待遇優厚,加上主帥務求姑息,使這支軍隊驕蹇而不用命;每遇大敵,不走即降。經過高平之戰,周世宗對禁軍的腐敗

〔註11〕《資治通鑑》卷二百九十一,後周紀二。
〔註12〕王夫之《讀通鑑論》卷三十,一八。
〔註13〕王夫之《讀通鑑論》卷三十,一八。
〔註14〕《資治通鑑》卷二百九十一,後周紀二。

有了深刻的認識。他說：「凡兵務精不務多。今以農夫百未能養甲士一，奈何瘠民之膏澤，養此無用之物！且健懦不分，眾何所勸！」下令對諸軍進行整頓，「精銳者升之上軍，羸者斥去之」。〔註15〕同時，鑒於驍勇之士多為藩鎮所蓄，為建設一支能征慣戰，可以威懾四方的禁軍，以鞏固皇權，維護國家統一，世宗下詔「募天下豪傑，不以草澤為阻，進於闕下，躬親試閱，選武藝超絕及有身首者，令署為殿前諸班」。〔註16〕經過這一番裁庸選練，創建了一支新的強盛的禁軍。這支禁軍「士卒精強，近代無比，征伐四方，所向皆捷」。〔註17〕周世宗的軍事改革，為北宋初年的軍事改革樹立了榜樣，為北宋徹底剷除自唐中後期以來持續了二百餘年的藩鎮割據局面，維護國家統一，奠定了基礎。

（3）高平之戰的勝利，堅定了周世宗統一中國的信念。

後周時期，隨著經濟的發展，各割據政權的日趨腐敗，人心厭戰，統一趨勢已經形成。但後周建立才幾年，世宗柴榮又年少登基，威望未著，君位未定，國內政治上、軍事上又弊端重重，有待改革；邊境上，一些割據政權又趁周太祖之喪，出兵侵吞疆土。總之，百廢待興，萬機待理。周世宗對統一戰爭，信心還是不足的。及高平既捷，後周軍威大振。周世宗因而「慨然有削平天下之志」。〔註18〕經過軍事改革之後，後周士卒精練，甲兵有備，群下畏法，諸將效力。從顯德二年（955年）開始，周世宗發動了向西收復秦、鳳、成、階（今甘肅秦安縣、徽縣、成縣和武都縣）四州的戰爭。以此為標誌，後周開始了浩浩蕩蕩的統一戰爭，一時捷報頻傳，形勢大好。

〔註15〕《資治通鑒》卷二百九十二，後周紀三。
〔註16〕《五代會要》卷十二，京城諸軍。
〔註17〕《資治通鑒》卷二百九十二，後周紀三。
〔註18〕《資治通鑒》卷二百九十二，後周紀三。

三十一、吳越國統治者的重民思想及利民施政

摘　要

　　五代時期，吳越國統治者具有較鮮明的重民思想。他們將民眾利益作爲用兵施政的重要依據；有時候將民眾利益看得比自身利益更重要；中下層統治者勇於爲民請命。儒家民本思想的影響，失民心者失天下的現實啓迪以及對民眾疾苦較深切的瞭解，是吳越國統治者重民思想的來源。在重民思想的指導下，吳越國實行了一系列的利民施政，爲吳越國經濟的發展，社會的穩定奠定了基礎。

　　關鍵詞：吳越國；統治者；重民；利民

重視民眾，推行惠民、利民政策，是我國古代占意識形態統治地位的儒學的主要思想之一。儒家將重視民眾作爲封建統治者的美德之一；無視或鄙視民眾的君主無緣稱爲「聖王」。縱觀中國歷史，凡是興旺發達的歷史時期，統治者無不是重視百姓民眾之主。正因爲愛民、重民，推行一系列便民、利民之政，經濟、文化才得以發展，社會才得以穩定，國家才能長治久安，君主的政治地位也才能鞏固並代代相傳。從五代十國歷史來看，這一歷史發展規律的表現依然是很鮮明的：許多國家（包括中原王朝和周邊割據政權）之所以政治黑暗，民不聊生，就與統治者只重視個人或集團利益而輕視或無視民眾利益有關；而一些國家之所以政治較清明，能長久偏安一隅，並且經濟發展，文化昌盛，亦與統治者重視百姓民眾，推行系列惠民、利民政策有密切關係。本文特以吳越國歷史爲例，考察、剖析之。

一

吳越國統治集團的重民思想，體現在吳越國君臣的言行之中，包含著多方面的內容，歸納而言，主要有：

1、將民眾利益作爲統治者用兵施政的重要決策依據。唐末五代時期，眾多大小軍閥、統治者在用兵施政中，常常無視民眾利益，甚至以犧牲民眾利益爲代價。吳越國統治者則與此有別。在築城工程中，吳越錢氏統治者就常以民眾利益爲決策的主要依據。大順二年（891）七月，爲防淮南入寇，錢鏐命築東安鎮（今浙江富陽縣西）羅城。此工程自當年七月至次年四月止。選擇這一時段築城，目的在於「民不弛擔，時不妨農」。景福二年（893）七月，錢鏐又率十三都兵洎役徒 20 餘萬眾築杭州羅城。羅城之築，爲的就是「百姓計」。起初，錢鏐只從軍事上著眼，只打算重修杭州子城，使「帑藏得以牢固，軍士得以帳幕」；後值孫儒渡江侵擾吳越西鄙，錢鏐「後始念子城之謀，未足以爲百姓計」，於是決定「復興十三都，經緯羅郭」，並表示「苟得之於人而損之己者，吾無愧歟！」此所謂「人」，即百姓民眾。〔註1〕

錢鏐規勸董昌放棄割據稱帝，也體現了他這方面的思想：統治者的決策不能無視民眾利益。董昌與錢鏐同爲鄉里，都是在唐末乘亂依靠軍事崛起而成爲將帥的。當董昌成爲江浙首屈一指的實力派後，他在一些別有用心人物的挑唆之下，決定背叛唐朝，割據稱帝。乾寧二年（895），時爲威勝軍節度

〔註 1〕《十國春秋》卷 77，《武肅王世家上》。

使的董昌僭稱皇帝，建元「順天」，國號羅平。錢鏐奉唐朝之命率師征討。征討之前，錢鏐致書董昌，規勸他懸崖勒馬，改邪歸正。其書云：如不悔改，官軍一至，「非唯大王（按，指董昌）有累卵之危，實鄉黨生靈皆歸鼎鑊矣。禍福之道，唯大王擇之！」又說，「與其閉門作天子與九族百姓俱作塗炭，不若開門作節度使，終身富貴無憂也。」〔註2〕錢鏐認爲，董昌割據稱帝這一決定會令吳越民眾生靈塗炭，因而是不可取的。董昌拒絕接受錢鏐的勸告。錢鏐於是出兵討伐，滅了董昌。

開平元年（907），朱溫受唐禪，建立後梁王朝。當時，節度判官羅隱勸錢鏐舉兵討伐後梁，說，即使戰而不勝，猶可退保杭、越，自爲東帝，豈可交臂事賊？錢鏐沒有接受這一建議。他考慮到，如果與後梁戰爭，那必定是大規模的爭戰，吳越民眾必定負擔加重，不能安居樂業，故他「初然之，繼而難日：『吾知瞀民耳。民誠安，吾何難爲之忍下？』」〔註3〕其後，錢鏐在《遺訓》中也說：「余固心存唐室，惟以順天，而不敢違者，實恐生民塗炭，因負不臣之名，而恭順新朝。此余之隱痛也！」〔註4〕在錢鏐看來，只要吳越民眾在歷經多年戰亂之後得以安寧休息，即使向後梁稱臣納貢，忍辱負重，也是值得的。可見，許多重大軍政事項的決策，錢鏐都考慮到了民眾的利害，並以此作爲決策的重要依據。

2、當統治者的個人（政治）利益與民眾利益不能兼得時，一定情況下可捨前者而取後者。封建時代，能有這種思想的統治者不多；能做到這一點的更少。而在吳越國統治集團中，這種思想是很鮮明的，以下事例就是明證。

天復二年（902）八月，武勇都指揮使徐綰與左武勇都指揮使許再思發動兵變，並勾結淮南軍入援，對錢鏐的「霸業」構成極大威脅。錢鏐召術士李咸占卜。李咸說，叛亂只是「分野小災耳，請勿爲慮；不然，大王當有疾」。錢鏐說：「寧（願）我有疾，豈宜害百姓耶！」〔註5〕在李咸看來，叛亂與錢鏐有疾，二者必居其一，這是上天注定的，因而，叛亂未必不是「好事」。而在錢鏐看來，發生叛亂，民眾必然遭災；在民眾受禍與自己有疾二者之中，情願自己有疾，而不願百姓受災。

〔註 2〕 《吳越備史》卷 1，《武肅王上》。
〔註 3〕 《吳越書》卷 1，《太祖紀第八》。
〔註 4〕 《吳越書》卷 1，《太祖紀第十五》。
〔註 5〕 《吳越備史》卷 1，《武肅王上》。

乾化三年（913）三月，後梁敕授錢鏐尚父冊禮，許廣牙城，以建大公府治。有術者建議錢鏐塡西湖以爲城之府治，說：「王若改舊爲新，有國止（只）及百年；如塡築西湖以爲城之府治，於法，當有拓土之應，不止十四州已也，垂祚當十倍於此。王其圖之。」術士所謂「法」，即風水地理。錢鏐對風水地理及術者之言向來是信多疑少的，而且，開疆拓土、國祚長久又是錢鏐的志向；但因爲塡埋西湖損害了民眾的利益，錢鏐因而沒有接受，而寧願犧牲統治集團的「利益」。錢鏐「顧謂術者曰：『百姓資湖水以生，藉湖水以灌田久矣！無湖水，即是無民矣！吾之尊詔廣城，原冀衛民，何敢稍存他念？況百年之內，必有眞主。豈有千年而天下無眞主乎？有國百年，天所命也。吾所願也，足矣！爾無妄言，吾不爲也。』不聽，即於治所僅稍增廣之」。〔註6〕在塡西湖而有國千年與保留西湖而有利民生二者之間，錢鏐選擇的是後者！錢鏐臨終之際，告誡其後裔要「善事中國（中原王朝），勿以易姓廢事大之禮。屈一身，以與百姓請命，所當世守」。〔註7〕即與其只爲統治者集團利益稱帝割據一隅，不如爲民眾利益而「屈尊紆貴」，尊奉中原王朝。

同樣的思想在吳越國最後一位國王錢俶身上也有體現。錢俶「嘗（曾）與丞相以下論及時務，且言民之勞逸率由時君奢儉，因爲詩二章以言節儉之志」，〔註8〕君主奢侈則民勞苦；君主節儉則民安逸。五代時期，許多在位之君都是只顧自己奢侈享樂而不顧民眾勞苦，過著醉生夢死般的糜爛生活；而吳越國君主卻寧願自己過節儉樸素的生活而不願加重民眾負擔。吳越國五位國王中，多爲生活儉樸者，顯然與這種思想的存在有關。顯德五年（958）四月，杭州城南大火，延及內城，官府廬舍幾盡，錢俶出居都城驛。當大火將燃及鎮國倉，錢俶率左右至瑞石山，命酒祝之曰：「『不穀不德，天降之災。倉廩積儲，實師旅之備也，若盡焚之，民命安仰？』乃令從官伐林木以絕火勢，火遂止。〔註9〕這一席話的寓意是：這場大火是統治者的「不德」所致，上天只應懲罰君主，而不應禍及「民命」。

爲民眾利益而寧願犧牲執政者個人政治利益，這樣的思想在吳越國大臣中也有體現。其中江景防的言行最爲典型。據記載，江景防事忠懿王錢俶爲

〔註6〕 《吳越書》卷1，《太祖紀第十一》。
〔註7〕 《吳越書》卷2，《世祖紀第二》。
〔註8〕 《吳越備史》卷4，《大元帥吳越國王》。
〔註9〕 《十國春秋》卷81，《忠懿王世家上》。

侍御史。當五代時，吳越國以一隅捍禦四方，財政支出浩大，其田租市租，山林川澤之稅，比國家一統時期增加數倍。北宋既平諸國，賦稅依五代時各割據政權舊籍爲斷。錢俶納土入朝時，當獻吳越國圖籍。時江景防隨侍，他歎曰：「民苦苛斂久矣，使有司仍其籍，民困無已時也。吾寧（願）以身任之！」他所謂的「以身任之」，是要通過自身努力，力圖減輕民眾的負擔，那怕爲此而犧牲個人利益。於是，他將吳越國圖籍沉之於河。詣闕後，他自劾所以亡失圖籍之狀。宋太宗大怒，欲誅之，已而謫沁水尉。其後，宋太宗命右補闕王永均定吳越田稅，舊率畝稅五斗，王永更定爲一斗，「其減稅之由，人以謂實兆端於景防沉籍云」，即受江景防重民愛民思想的感染。〔註10〕吳越國一些地方官員以個人資財周濟貧民，或代納賦稅，也體現了他們對民眾的同情及捨己爲民的思想情懷。

3、執政者不應苟且取祿，應有勇氣協助糾正決策者的害民、擾民的錯誤施政。儘管吳越國最高統治有重民愛民思想，但是，在政治實踐中，有時候君主的設想或決定只是從眼前利益或局部利益著眼，而忽略了民眾利益。這時候，不少吳越國的中、下層官員，都敢於諫諍君主，認定爲民請命是其爲官義不容辭之職責。

錢鏐當政時，規定西湖漁者須每日繳納魚數斤，謂之「使宅魚」。有些捕不及額的漁者只得到市上買魚來繳納，此事頗爲民害。一日，羅隱侍坐，壁間有《磻溪垂釣圖》，錢鏐向羅隱索詩，羅隱乘機作詩一首，以婉轉的方式規勸錢鏐取消此項弊政。其詩曰：「呂望常年展廟謨，直鈎釣國更誰知。若教生得西湖上，也是須供使宅魚。」錢鏐大笑，「遂蠲其役」。〔註11〕羅隱常常「作詩文及諧語，常涉刺譏」，〔註12〕所謂「刺譏」，即針對吳越國不利民眾之政提出批評。羅隱仕途曲折，常有懷才不遇之歎，得錢鏐賞識器重，理應珍惜個人的政治地位；但在他的思想意識中，既爲官員，就不能僅僅考慮個人利益，還應該爲民請命，即使爲此而得罪君主，犧牲個人政治利益，也在所不辭。

關心民瘼，敢於諍諫君主的吳越國官員還有不少。錢鏐曾命「增州縣賦稅」，陳長官上書極諫，即使被逮下獄也「以死爭之」，終使該縣免徵。〔註13〕

〔註10〕 《十國春秋》卷87，《江景防傳》。
〔註11〕 《五代詩話》卷5，引《閒談錄》。
〔註12〕 《十國春秋》卷84，羅隱傳。
〔註13〕 《吳越書》卷1，《太祖紀第十六》。

錢弘億也多次上疏進諫，使最高統治者感悟而取締不利於民的弊政。開運三年
（946）十月，淮南攻閩國福州。福州向吳越國乞師。忠獻王錢弘佐決定出師救
援，並「召左右議鑄鐵錢以益將士祿賜」。忠獻王只看到鑄鐵錢可「益將士祿賜」
的一面，而沒有考慮到此舉亦有擾民害民的一面。王弟錢弘億於是進諫，指出
官鑄鐵錢有八害，其中，「可用於吾國不可用於他國，則商賈不行，百貨不通」；
「銅禁至嚴民猶盜鑄，況家有鐺釜，野有鏵犁，犯法必多」，因而是不利民生及
封建統治的，建議取消這一設想。忠獻王「深嘉之，乃止」。〔註14〕顯德三年
（956）正月，後周世宗車駕東征（南唐），詔吳越國王錢俶以國兵分路進攻
以策應配合。

　　錢俶奉命，出師進攻南唐。調兵遣將，攻城掠地，造成軍費開支猛增，兵
員欠缺。於是，錢俶決定「括境內民丁益師旅」。州縣長吏因之多所殘弊。錢弘
億「乃手疏之，辭理切直，王（錢俶）感悟，遂寢其事」。〔註15〕

　　正因為高層的決策者有重民、利民思想，中下層執政者又有「為民請命」
的精神，敢於直言諫諍，因此，吳越國能及時糾正一些擾民弊政。這是吳越
國政治較同時期其他割據政權政治更清明的一個重要原因。

　　當然，也應該如實指出，在封建時代，統治階級與被統治階級的利益是
根本對立的，而統治階級的一切政治活動，首先是要維護自身的政治、經濟
利益，因此，上述吳越國統治者的重民、愛民思想，都不是徹底的、堅定的，
而是有限度的，只是相對於同時期或歷史時期其他統治者而言，顯得較為突
出而已。

二

　　吳越國統治者的重民思想並非空穴來風，探尋其重民思想的來源，筆者
以為有以下幾個方面：

　　首先是儒家「民本」思想的影響。重民是儒家政治思想的主要特徵之一。
儒家經典《尚書》認為，殷紂因為暴虐其民，「故天降喪於殷」；而周文王慎
德保民，「天乃大命文王」，天命只歸屬那些善待民眾者。儒家創立者孔子對
君民關係就有生動精闢的闡述：「丘聞之，君者，舟也；庶民，水也。水則載
舟，水則覆舟。君以此思危，則危將焉而不至矣！」（《荀子・哀公》）在他看

〔註14〕《吳越備史》卷3，《忠獻王》。
〔註15〕《吳越備史》卷4，《大元帥吳越國王》。

來，庶民可以支持君王的統治，使之長治久安，亦可推翻其統治，實現改朝換代，故他在《論語·堯曰》中提出了「所重民、食、喪、祭」的重民思想，告誡君主應把民眾放在國家事務的首位，給予高度的重視，要恤民、利民，反對濫用民力和對民眾進行無厭的榨取。孔子給予春秋時期著名政治家管仲和子產以高度的讚揚和評價，就因爲他們重民，能夠推行恤民、利民的政策，所謂「養民以惠，使民以義」，「博施於民而濟眾」（《論語·憲問》）。孔子的重民思想，得到了後來的孟子、荀子的繼承和進一步闡發。如《孟子·離婁上》云：「桀紂之失天下也，失其民也，失其民，失其心也。得天下有道，得其民，斯得天下矣。」荀子的論說更細緻，謂：「有社稷者而不能愛民，不能利民，而求民之親愛己，不可得也。民不親不愛，而求其爲己用，爲己死，不可得也。民不爲己用，不爲己死，而求兵之強，城之固，不可得也。兵不勁，城不固，而求敵之不至，不可得也。敵至而求無危削，不滅亡，不可得也。」（《荀子·君道》）總之，儒家反覆強調民眾對於封建統治的極端重要性，認爲君主應重民、愛民、恤民、利民。這種民爲邦本的思想對歷代封建帝王和政治家都有深刻的影響。

吳越國統治者就深受儒學的薰染，推行的是以儒治國的政治方針。錢鏐在年青時代，「稍有餘暇，溫理《春秋》」。〔註16〕吳越國大臣皮光業也說錢鏐「其文學也，家承儒範，世尙素風」，「志在典經，龍鬥不顧」，只是後因戰亂，才「奮（披起）戎服，挂彼儒冠」。〔註17〕錢鏐臨終前給後代留下《遺訓》，其中就多處引用儒家經典之句說明統治者應有重民思想，如謂：「十四州百姓，係吳越之根本。聖人有言：『敬事而信，節用而愛人。使民以時。』又云：『恭則不侮，寬則得眾，信則民任焉，敏則有功，惠則足以使人』。又云：『省刑罰，薄稅斂』。……又云：『民爲貴，社稷次之』……」在《遺訓》中，錢鏐還表述了自己的重民思想，如，「免動干戈，即所以愛民也」；「視萬姓二軍，並是一家之禮」；「毋得罪於群臣、百姓」等等。受重視儒學的父祖之影響，錢鏐的子孫也受到良好的儒學教育。《遺訓》中，錢鏐在引述儒經名句之後說：「此數章書，爾等少年所讀。倘常存於心，時刻體會，則百姓安而兄弟睦，家道和而國治平矣！」此外，錢鏐聘用的人才中，大多是儒學素養良好者；自第二代吳越國王錢元瓘始，在中央設擇能院，專聘精通儒學的文士任職；

〔註16〕 《吳越書》卷1，《太祖紀第十五》。
〔註17〕 《十國春秋》卷78，《武肅王世家下》注引皮光業《吳越國武肅王廟碑》。

吳越國不少地方官員也愛聘用儒士為屬吏。因此,吳越國統治集團中,儒士佔了大部分,吳越國的丞相之職,主要也是由儒士充任。因此,儒學的民本思想,不可避免地對吳越國統治者的思想及其施政有所影響。

其次是從當時得民心者得民助而勝,失民心者失民助而敗的社會現實中獲得啓迪。唐末天下大亂,許多胸無點墨的草莽英雄乘時而起。這些大小軍閥、將領,不懂得民眾對他們的「霸業」有何意義,因而在戰爭中虐待、殘害民眾者,俯拾皆是。董昌就是與錢鏐同時起兵「討賊」而成為一方軍閥的一位失民心的失敗者。據載:董昌「素愚,不能決事,臨民訟,以骰子擲之,而勝者為直」。〔註18〕《吳越備史》卷一也載:董昌「既而恣為淫虐,凡按罪人,無輕重枉直必命骰子使之對擲,勝者宥之,否則殺之,而案牘不復參決,但一概誅戮,而越州有白樓門,門外即殺戮之所,地為之殷,守閽者嘗(曾)夜聞鬼哭」。淮南軍閥孫儒「恃有數萬兵甲,不守淮南,直欲別遷土疆,遂奔江左。刲(刺,割)人民為糧食,墮舍宇為薪蘇,餓鶻饑鷹,飛揚京口」。原六合鎮(今江蘇六合縣)使徐約「玉帛是求,征歛無度。長時習戰,齊民因被雕黥,魯儒亦遭剪刺」。〔註19〕

這些殘民以逞的軍閥、將領,當然得不到民眾的支持;不僅如此,還嚴重削弱了其軍隊的戰鬥力,使其士氣低落,眾叛親離。這正是失民心的必然結果。這樣的軍隊,無法擺脫失敗滅亡的命運。相反,錢鏐在治軍用兵過程中,對民眾卻十分重視。在他看來,民眾與軍隊一樣,是其致勝的兩大法寶,前引他所說的「視萬姓二軍,並是一家之禮」,正是這種思想的表露。中和三年(882)七月,錢鏐打敗企圖割據江浙的浙東觀察使劉漢宏,「歸漢宏所掠民間妻女於鄉里者數百人」;光啓三年(887),麾下的儒童鎮將徐靖因「俘掠居人」而被錢鏐誅戮;景福五年(896)九月,婺州刺史王壇將攻東陽,錢鏐「命使諭之,息民故也」⋯⋯正因為在戰爭中與其他軍閥有別,較注重安民、保民,錢鏐因而得到民眾的擁戴。築城,他能徵調數以十萬計的民夫,並克期竣工;滅劉漢宏後,「越人及諸將推王(錢鏐)為主。王固讓董氏(昌),董遂權蒞於越。杭人復請王代董氏」。最後,唐朝廷順應民意,任錢鏐為權知杭州軍州事兼杭州管內都指揮使。〔註20〕既滅董昌之後,唐朝除宰臣王溥

〔註18〕 《新五代史》卷67,《吳越世家第七》。
〔註19〕 《十國春秋》卷78,《武肅王世家下》注引皮光業《吳越國武肅王廟碑》。
〔註20〕 《吳越備史》卷1,《武肅王上》。

爲威勝軍（治越州，今浙江紹興）節度使，「而兩浙士庶拜章，請以（錢）鏐兼杭、越二鎮，朝廷不能制，因而授之，改威勝軍爲鎮東，鏐乃兼鎮海、鎮東兩藩節制」。〔註21〕這正是民心歸向的反映，亦是錢鏐致勝爲王的一個重要原因。正如《孟子·梁惠王上》所言：「保民而王，莫之能禦也」；「有不嗜殺人者，則天下之民皆引領而望之矣。誠如是也，民歸之，由（猶）水之就下，沛然誰能禦之」。失民心而失敗，得民心得勝，吳越國統治者從中獲得了重要的啓迪。錢鏐在《遺訓》中就說：「余自主軍以來，見天下多少興亡成敗……是以，第一，要爾等心存忠孝、愛兵恤民……」，〔註22〕又曾對其子嗣耳提面命，說及自己「手殲妖亂，親睹興亡，豈宜自爲屬階，更尋覆轍！」〔註23〕

　　再次，吳越國統治者多來自社會下層，對民眾疾苦有切身的體會，故有恤民之心。首任吳越國王錢鏐就來自民間，他在《遺訓》中自述曰：「余自束髮以來，少貧苦，肩販負米，以養親」。因此，他深明「凡此一絲一粒，皆民人汗積辛勤才得歲歲豐盈」，教育其後裔「汝等莫愛財，無厭徵收」，以免加重百姓負擔。其恤民之情顯而易見。錢鏐生長於唐朝末年，而當時，江南地區戰爭連綿，民不聊生，「江南則朱直叛亂於唐山，孫端寇孽於安吉，西侵宛水，東患苕溪，郡縣則終日登陴，生民則長時伏莽」，〔註24〕這是吳越國統治者所目睹的社會現實。錢鏐曾對投奔而來的將領沈夏說：「（吳越）境土苦於干戈，不仁者當盡除之，用息生聚。」〔註25〕錢鏐把爲民除害作爲自己奮鬥的使命，正是基於對生民疾苦的深切瞭解。

　　頗受錢鏐「殊遇」和重用的大臣羅隱，對民眾疾苦也有深刻認識。他曾作詩一首（詩名《蜂》）：「不論平地與山尖，無限風光盡被占，採得百花成蜜後，爲誰辛苦爲誰甜？」此詩以蜜蜂喻勞動大眾，對民眾辛勞而生活艱辛寄予了無限的同情。其詩句：「盡道豐年瑞，豐年瑞若何？長安有貧者，爲瑞不宜多！」〔註26〕則揭露了統治階級以「祥瑞」粉飾太平的虛僞，表達了對「貧者」的同情。一次，初授鎮海軍節度使的錢鏐「令沈崧草謝表，盛言浙西繁

〔註21〕《舊五代史》卷133，《世襲列傳第二》。
〔註22〕《吳越書》卷1，《太祖紀第十五》。
〔註23〕《舊五代史》卷133，《世襲列傳第二》。
〔註24〕《十國春秋》卷9，《武肅王世家下》）注引皮光業《吳越國武肅王廟碑》。
〔註25〕《吳越備史》卷1，《武肅王上》。
〔註26〕《五代詩選》羅隱詩《雪》。

富，成以示（羅）隱，隱曰：『今浙西兵火之餘，日不暇給，朝廷執政方切於賄賂，此表入奏，執政豈無意要求邪？』乃請更（修改）。〔註27〕他擔心錢鏐的「露富」會招來朝中貪官的「要求」，徒然加重江浙民眾的負擔。

錢鏐的夫人吳氏（父爲浙西觀察判官）雖出身於官僚家庭，但她年幼時曾「備嘗機杼之勞」，因此，即使後來隨父、隨夫晉身社會上層以後，其節儉之志及恤民之心依然不變。史載：「夫人常遊奉國寺，王（錢鏐）命載帛百縑以備散施，夫人曰：『妾備嘗機杼之勞，遽以遊賞靡費，非恤民之道。』遂不受而罷。」〔註28〕在夫人看來，絹帛爲百姓辛苦織得，豈可輕易散施！夫人的恤民之情對錢鏐的思想無疑是有影響的。

三

在重民思想的指引下，吳越國統治者從其政權締造伊始，就著意推行各種便民、利民的政策，奠定了五代吳越國社會安定、經濟發展、文化昌盛的基礎。這些利民施政主要有：

1、戢兵安民。錢鏐本來有志建立一個強大的割據政權。僧貫休曾給錢鏐投詩一首，中有「一劍霜寒十四州」之句，錢鏐要求改爲「四十州」，正是這種志向的表露。〔註29〕但戰爭必然勞民傷財，因此，在與淮南多次爭戰互有勝負，處於膠著狀態後，錢鏐便確立了戢兵安民的政策。

前已述及，錢鏐在戰爭期間已注意戢兵安民。後梁貞明五年（919）四月，淮南將帥揚渭（又名隆演）僭稱大吳皇帝；八月，吳國遣歐陽汀到吳越請求通好。錢鏐「納之，息民故也。自是休兵，民樂業二十餘年」。〔註30〕錢鏐及後繼諸吳越國王都致力於推行睦鄰政策，搞好與中原王朝及毗鄰諸國的關係，目的正在於保境安民，用錢鏐《遺訓》中的話說，「免動干戈，即所以愛民也」。戢兵安民，爲吳越民眾營造了一個安定的生活、生產環境。沒有這樣的環境，經濟、文化的發展便無從談起。正如史學家卞孝萱、鄭學檬先生所言：「吳越的繁榮，保境安民是一個重要因素。」〔註31〕

2、興修水利，發展生產。吳越國瀕江臨海近湖，江海湖泊不僅與民眾生

〔註27〕《十國春秋》卷84，《羅隱傳》。
〔註28〕《十國春秋》卷83，《莊穆夫人吳氏傳》。
〔註29〕《五代詩話》卷8，《僧貫休》。
〔註30〕《吳越備史》卷2，《武肅王下》。
〔註31〕《五代史話》，第53頁。

活，而且與民眾生產活動乃至國家經濟、政治關係都極爲密切。因此，吳越國的奠基者錢鏐，自後梁建國，東南地區局勢稍平靜後，即將水利建設擺在了議事日程上。吳越國的水利工程主要有兩項，一是興建捍海石塘；二是疏濬太湖、西湖。

修築捍海石塘時在天寶三年（910）八月。杭州錢塘江沿岸潮水衝擊力極強，要使沿江農田及民眾生活得到保障，必須建築堅固的堤岸。修築捍海石塘是於「塘外植滉柱十餘行，以折水勢」。起初，因爲江濤洶湧，板築工程受阻，未能按期完成；後乘浪潮轉移，潮水和緩，「遂定其基，以鐵絚（粗索）貫幢榦，用石楗之，而塘成。……又置龍山、浙江兩閘以過江潮入河」。〔註32〕工程竣工後，「由是潮不能攻，沙土漸漬，岸益固也」。〔註33〕由於遏制了錢江潮水倒灌，杭州民眾得以從鹽鹵之苦中解脫出來，土地淡化，爲農業發展創造了良好的條件。這是一件利及後世的大功業。

疏濬太湖始於天寶八年（915）冬，「是時，置都水、營使以主水事，募卒爲都，號曰『撩淺軍』，亦謂之『撩清』；命於太湖旁置『撩清卒』四部，凡七八千人，常爲田事，治河築堤，一路徑下吳淞江，一路自急水港下澱山湖入海，居民旱則運水種田，澇則引水出田。又開東府南湖（即鑒湖），立法甚備。」寶正二年（927），又「濬柘湖及新涇塘，由小官浦入海。又以錢塘湖葑草蔓合，置撩兵千人芟草濬泉」。〔註34〕

總之，錢鏐「在位期間，曾徵發民工，修建錢塘江海塘，又在太湖流域，凡一河一浦，都造堰閘，以時蓄泄，不畏旱澇，並建立水網圩區的維修制度，有利於發展這一地區的農業經濟」。〔註35〕

應順三年（936），繼位的文穆王錢元瓘主持了西湖的疏浚工程。《吳越書》記載：「時西湖歲久不修，湖葑蔓蔽。（文穆）王置軍千人，專治湖。又疏湧金池以入運河。湧金池在豐豫門內，引西湖水入城爲池。王命將曹杲成之，以便民汲。」〔註36〕除首府杭州外，吳越國地方官也積極興建水利，發展生產，利民利國。如錢鏐子錢元璙在蘇州任中吳節度使時，因海潮挾沙入江，淤塞支港，乃命部將梅世忠爲都水使，率兵募民，「設錳港口，按時啓閉，以備

〔註32〕《十國春秋》卷78，《武肅王世家下》。
〔註33〕《十國春秋》卷78，《武肅王世家下》注引《昭勳錄》。
〔註34〕《十國春秋》卷78，《武肅王世家下》。
〔註35〕《辭海·歷史分冊（中國古代史）》錢鏐條。
〔註36〕《吳越書》卷2，《世祖紀第二》。

旱澇」。〔註37〕「其他著名水利還有武義縣長安堰，溉田萬餘頃，鄞縣東錢湖方圓八百頃，疊石爲塘八十里，至宋代，可灌田五十萬頃。」〔註38〕

由於「水利大備，民得致力桑農。吳越富庶，自此盛於東南」，〔註39〕五代史家陶懋炳認爲「南方諸國興修水利，成績之著，無如吳越。」〔註40〕這是有史實依據的。

3、減免租稅，賑濟災民。錢鏐主政吳越期間，戎馬倥傯，養兵、爭戰、築城，結交中原王朝，費用浩大，因而未見有減免租賦之令。及文穆王當政，戰事大減，局勢穩定，減輕民眾的租稅負擔有了可能。後唐長興三年（932）四月，錢元瓘嗣立，即宣佈「除民田荒絕者租稅」；天福二年（937）四月，「仍赦境內今年租稅之半」。〔註41〕

忠獻王錢弘佐繼位，天福六年（947）九月，「赦境內，……命境內給復（免租賦）一年，諸關梁禁制悉從除減。又命田園有隸道宮佛寺比入賦稅者，悉免之。」一次，「民有獻嘉禾者，（忠獻）王問倉吏蓄積幾何，對曰：『十年。』王曰：『然則軍食足矣，可以寬吾民。』命復其境內租稅三年。」〔註42〕

乾祐元年（948）正月，忠懿王錢俶即位，即「赦境內租稅」；十一月，又「下令：以每歲租賦逋滯者悉蠲之，仍歲爲著令，百姓歌舞焉」。乾祐二年（949），「是歲下令以境內田畝荒廢者縱民耕之，公不加賦。」這項政令的實施，其結果是「由是境內並無棄田」。〔註43〕錢俶「又置營田卒數千人，以淞江闢土而耕」。〔註44〕稍後的宋人郟橋曾提及吳越國的營田事，謂：「浙西昔有營田，自唐至錢氏時，其來源去委悉有堤防堰閘之制，旁分其支脈之流，不使溢聚以爲腹內畎畝之患，由是錢氏百年間，歲多豐收。」〔註45〕一方面輕繇薄賦，另一方面大力墾耕，這就爲吳越國經濟的發展及其後我國經濟重心的南移奠定了堅實的基礎。

對於遭遇天災之民，吳越國統治者也及時給予賑濟、救助。後周廣順三

〔註37〕《十國春秋》卷115，《拾遺》。
〔註38〕陶懋炳《五代史略》，第182頁。
〔註39〕《吳越書》卷1，《太祖紀第十一》。
〔註40〕《五代史略》，第181頁。
〔註41〕《十國春秋》卷79，《文穆王世家》。
〔註42〕《十國春秋》卷80，《忠獻王世家》。
〔註43〕《吳越備史》卷4，《大元帥吳越國王》。
〔註44〕《十國春秋》卷81，《忠懿王世家上》。
〔註45〕《天下郡國利病書》，卷15。

年（953），吳越「境內大旱，邊民有鬻男女者，（錢俶）命出粟帛贖之，歸其
父母；仍令所在開倉賑恤」。建隆三年（962）五月，「婺、衢、睦三州民災，
戊辰，王（王俶）遣使賑恤。」〔註46〕

　　4、地方官的利民舉措。除上述吳越國最高統治者主持的全局性的利民
施政外，不少吳越國的地方官員還主持了局部性的利民施政。他們在自己的
職權範圍內採取了一些積極有效的舉措，爲民興利除弊，諸如均徭役、罷淫
祀、禁妖巫、盡放所蓄聲伎等等。例如，睦州刺史錢元懿與湖州刺史錢弘偡
懲治妖巫，安定民心；〔註47〕錢弘偡在溫州任職，「溫（州）人舊苦徭役，
（弘）偡乃置簿書以均之。民感其惠，多爲偡醮本命。又俗尚淫祀，偡皆鎖
其祠宇、器玩，以充公用」；〔註48〕衢州刺史錢弘偡「爲政寬恕厚重，民多
愛之」；〔註49〕明州刺史錢弘億「居明州，頗著善政，凡一切科率舊制悉除
之」；〔註50〕湖州刺史高彥，「居湖州十一載，政尚寬簡，民頗便之」，〔註
51〕等等。吳越國地方官吏在地方推行利民政策因而受到民眾擁戴的，在有
關史籍的記載中隨處可見。

四

　　關於五代吳越國統治者，史籍中有不少截然相反的評價。《舊五代史》謂
「（錢）鏐在杭州垂四十年，窮奢極貴」、「季年荒恣」；謂錢元瓘「奢僭營造，
甚於其父」。〔註52〕《新五代史》曰：「考錢氏之始終，非有德澤施於其一方，
百年之際，虐用其人甚矣」。〔註53〕揆之史實，這些評論並不符合歷史實際。之
所以存在這些背離史實的評論，筆者以爲原因有二：一是敵對者的誣陷。如《江
南餘載》云：「錢氏科斂苛慘，民欠升斗必至徒刑。湯悅、徐鉉嘗使焉，云，夜
半聞聲，若獐麕號叫，及曉問之，乃縣司催科耳。其民多裸行，或以篾竹繫腰。」
《江南餘載》爲南唐官員所撰；而南唐又是吳越世仇之國，曾多年爭戰，故其
捏造歪曲自屬難免。二是在「正統」思想濃厚的史家眼裏，吳越國與當時其他

〔註46〕《十國春秋》卷81，《忠懿王世家上》。
〔註47〕《十國春秋》卷83，《元懿傳》、《弘偡傳》。
〔註48〕《吳越書》卷5，《仁宗紀第三》。
〔註49〕《十國春秋》卷83，《弘偡傳》。
〔註50〕《十國春秋》卷33，《弘億傳》。
〔註51〕《十國春秋》卷85，《高彥傳》。
〔註52〕《舊五代史》卷133，《世襲列傳第二》。
〔註53〕《新五代史》卷67，《吳越世家第七》。

各割據政權一樣，都屬「僭偽」，理應全盤否定，因而難免抑善揚惡。治史態度嚴謹的北宋史家司馬光所撰《資治通鑑》及馬端臨撰《文獻通考》，對許多有關吳越國統治者的負面記載都不予採錄，並有「考異」〔註54〕說明，是可信的。即使是《舊五代史》，在貶損吳越國王錢鏐的同時，也承認：「（後）梁開平中，浙民上言，請爲（錢）鏐立生祠，梁太祖許之」，並且「至今（北宋）蒸黎饗之」；又認爲錢鏐「愛人下士，留心理道，數十年間，時甚歸美」，實爲「近代之名王」。〔註55〕現代史家在有關五代吳越國歷史及其統治者的評價中，基本上都持肯定、讚美的態度。如沈起煒說：「吳越這片土地總還夠得上小康的局面，發展生產的條件，比中原優越得多。」〔註56〕陶懋炳認爲錢鏐「在位數十年間，築捍海塘，興修水利，勸課農桑，招徠商旅，使兩浙安定繁榮，其歷史功績是應當肯定的」。〔註57〕

總觀五代時期吳越國的歷史，吳越國統治者具有較鮮明的重民思想。從最高統治者來說，五位吳越國王在執政期間，都努力推行利民之政；從執政的吳越國大臣來說，當他們面臨損民、害民之政時，他們能將個人政治利益置之度外，勇於爲民請命，通過向君王諫諍，取締不利民生之政；一些地方官員則利用其在一方施政的自主性，推行各項利民政策。因此，儘管吳越國民眾的賦稅負擔可能並未比一統盛世時期的唐代有所減輕，但與同時期的中原王朝或其他割據政權那種「桑拓廢來猶納稅，田園荒後尚征苗」，「任是深山更深處，也應無計避征徭」〔註58〕的黑暗社會相比，吳越民眾的負擔無疑是大爲減輕了的。正因爲吳越國推行了各項利民施政，加之數十年相對安定的社會秩序、較清明的政治形勢，因此，吳越國經濟得到發展，文化得以昌盛，成爲五代時期的一方「樂土」。這不僅對於江浙的地方歷史，而且對於中國古代歷史的發展變化，都有極重要的意義。

引用文獻

〔1〕吳任臣，《十國春秋》〔M〕，北京：中華書局，1983 年。

〔2〕錢儼，《吳越備史》〔A〕，《四庫全書》本。

〔註54〕《資治通鑑》卷 272，「考異」。
〔註55〕《舊五代史》卷 133，《世襲列傳第二》。
〔註56〕《五代史話》第 37 頁。
〔註57〕《五代史略》第 138 頁。
〔註58〕《五代詩選》第 16 頁，杜荀鶴《時世吟》。

〔3〕范坰、林禹，《吳越書》〔M〕，臺北：宏文藝苑，2000年。

〔4〕王士稹、鄭方坤，《五代詩話》〔M〕，北京：人民文學出版社，1998年。

〔5〕歐陽修，《新五代史》〔M〕，北京：中華書局，1974年。

〔6〕薛居正等，《舊五代史》〔M〕，北京：中華書局，1976年。

〔7〕陳順烈、許佃璽，《五代詩選》〔M〕，上海：上海古籍出版社，1988年。

〔8〕卞孝萱、鄭學檬，《五代史話》〔M〕，北京：北京出版社，1985年。

〔9〕《辭海·歷史分冊（中國古代史）》〔M〕，上海：上海辭書出版社，1981年。

〔10〕陶懋炳，《五代史略》〔M〕，北京：人民出版社，1985年。

〔11〕顧炎武，《天下郡國利病書》〔M〕，四部叢刊三編影印手稿本，上海：上海書店，1985年。

〔12〕司馬光等，《資治通鑒》〔M〕，北京：中華書局，1956年。

〔13〕沈起煒，《五代史話》〔M〕，北京：中國青年出版社，1983年。

三十二、錢鏐與傳統宗教

摘　要

　　錢鏐的成功，與其善於利用傳統宗教有密切關係。他利用時人潛意識中根深蒂固的「天人感應」信仰，製造種種神話，爲自己增添神聖的靈光，以增強凝聚力；通過各種祭禮，神道沒教，以培養臣民的忠孝之心；並從卜筮中獲得了戰勝挫折的信心。建國後，他又通過封神建廟等宗教活動，宣揚王權神授，藉以鞏固其統治地位：在用人治國及生產領域，都可見傳統宗教思想對錢鏐的影響。傳統宗教在吳越國歷史上所起的作用，積極性大於消極性。

關鍵詞：錢鏐；傳統宗教；「天人感應」；神話；祭祀

　　吳越國是五代時期十國之一，開國之主是唐末鎮海軍（治杭州）節度使錢鏐，據有杭、越兩藩，包括今浙江省和無錫以東的江蘇省南部及上海市，是十國之中的一個蕞爾小國。然而，這個小國家卻頗令治五代十國史者注目，其原因，一是其國長治久安；二是其國經濟發展，文化昌盛，正如著名學者卞孝萱、鄭學檬所著《五代史話》所言：「吳越在錢氏治理下，政治上比較安定，文士薈萃，人才濟濟；經濟繁榮，漁鹽蠶桑之利，甲於江南；海上交通發達，中外經濟文化交流頻繁；文化也稱盛於時。」〔註1〕一個地狹（僅有十三州）民寡之小國，何以能在五代這個戰火不息、血肉橫飛的亂世中保持長久的安定？學術界未見學者認眞、仔細探討過此問題。五代史家陶懋炳對此問題也只是略作推測，謂「南方九國之中，嗣主較爲賢達者，無踰錢氏，這雖與吳越諸主不事內寵、教誨子嗣得法有關，但比較重要的原因，似乎是居桑梓之地，更注意人心民情吧？〔註2〕筆者認爲，吳越國的長治久安，經濟發展，文化昌盛，存在著多方面的促成因素；而其中，吳越國統治者對於各種宗教的有效利用，卻是一個不宜忽視的重要因素。正是因爲吳越國統治集團（尤其是歷代錢氏吳越國王）善於利用宗教，不僅在政治上神化了自身，增強了凝聚力，鞏固了統治地位；而且在軍事、生產等領域，充分激勵了士氣，調動了民眾的積極性；還通過宗教活動，營造和維持了與鄰國甚至外國的和平友好關係，促進了吳越與其他地區、國家的經濟文化交流。一言以蔽之，吳越國的歷史狀況與宗教是密切相關的。正如有學者所言：「在中國歷史上的政治、經濟、文化等各個社會領域的發展過程中，宗教曾發生過廣泛而深刻的影響，並留下了鮮明的烙印。可以說，不瞭解中國歷史上的宗教，就不可能眞正瞭解中國過去的歷史。」〔註3〕限於篇幅，本文僅就錢鏐與傳統宗教之密切關係略作考察和論述。

一

　　吳越國的奠基者錢鏐出身低微，於唐末投入地方武裝董昌部下。在作戰中，他率領的隊伍屢戰屢捷，因而很受董昌的器重。董昌做了杭州刺史後，把所屬各縣的軍隊組成八個都，任錢鏐爲都指揮使。光啓二年（886），董昌

〔註1〕《五代史話》，第7頁。
〔註2〕《五代史略》，第138頁。
〔註3〕《宗教學引論》，第286頁。

奪得越州（今浙江紹興）後，把杭州交給了錢鏐。後董昌妄自尊大，背叛唐朝，建立割據政權大越羅平國。錢鏐奉朝廷之命滅董昌，據有兩浙，爲吳越立國奠定了基礎。錢鏐平步青雲的奧秘何在？史載他「善射與槊，驍勇絕倫」，〔註4〕似乎錢鏐的發跡憑藉的是驍勇善戰。然而，揆之史實，筆者認爲，助錢鏐事業成功的，與其說是勇悍，不如說是他善於利用宗教的種種手段，神化自己，增強了凝聚力，提高了軍隊的作戰能力，從而樹立了崇高的個人威望。

首先，錢鏐利用人們潛意識中根深蒂固的「天人感應」信仰，製造種種神話，爲自己添上了神聖的靈光，增強了凝聚力。錢鏐出身本來低微，又兼「無賴，不事家人生產，以販鹽爲盜」〔註5〕。鄉里人大多鄙視他。當時，縣錄事鍾起數子喜與錢鏐交遊，也遭到鍾起的禁阻。「稍通圖緯諸書」的錢鏐便與「善術者」合謀，演了一齣「戲」，以證明錢鏐是上天注定的「非常人」、「貴人」、「王人」。《新五代史》卷六七《吳越世家第七》載：

> 豫章人有善術者，望牛斗間有王氣。牛斗，錢塘分也，因遊錢塘。占之在臨安，乃之臨安，以相法隱市中，陰求其人。（鍾）起與術者善，術者私謂起曰：「占君縣有貴人，求之市中不可得；視君之相貴矣，然不足當之。」起乃爲置酒，悉召賢豪爲會，陰令術者徧視之，皆不足當。術者過起家，（錢）鏐適從外來，見起，反走，術者望見之，大驚曰：「此眞貴人也！」起笑曰：「此吾旁舍錢生爾。」術者召鏐至，熟視之，顧起曰：「君之貴者，因此人也。」乃慰鏐曰：「子骨法非常，願自愛！」因與起訣曰：「吾求其人者，非有所欲也，直欲質（驗證）吾術爾。」明日乃去。起始縱其子等與鏐遊，時時貸其窮乏。

此事不可輕易看作是後世史家神化統治者的無稽之談。此事或許是「事實」，但此事的「導演」極有可能是錢鏐。錢鏐走南闖北販鹽，交際廣，請個術者演場「戲」並不難。大約錢鏐知道鍾起迷信神秘的方術，於是請術者以占星術騙取鍾起的刮目相看，不僅可令其允許諸子與錢鏐交遊，還可借鍾起作宣傳工具，爲自己披上神聖的外衣。從鍾起「縱其子與鏐遊」，並「時時貸其窮乏」看，錢鏐的「戲」演得很成功。這一成功，也許令錢鏐「品嘗」到了神秘宗教的無窮魅力，於是，其後，圍繞著錢鏐，種種「天人感應」及「神助」

〔註4〕《十國春秋》卷77，《武肅王世家》。
〔註5〕《十國春秋》卷77，《武肅王世家》。

的神奇故事便衍生出來，並被史家言之鑿鑿地載入史冊。

　　古代中國人都很重視人的出生，認爲「非常人」的出生一定不平凡，一定會有「天人感應」的迹象。故歷代統治者在發迹過程中及掌握政權後，都致力製造種種「神話」，以凝聚人心。錢鏐也不例外。

　　另外，針對軍隊中將士普遍懷有神的觀念和信仰的現實，錢鏐在領兵作戰、築城、出行等活動中，無時無刻不在通過種種途徑、手段編造傳播形形色色的「神助」故事，其客觀效果，不只是神化了錢鏐，同時也激勵了士氣，提高了軍隊的戰鬥力，壯大其軍事勢力。僅以軍隊作戰爲例，《十國春秋》卷七七載：唐中和二年（882）七月，錢鏐統八都兵討伐劉漢宏叛軍，「會夜分，星月皎然，兵不可渡，鏐掬江沙，吞而祝曰：『吾以義兵討賊，願（天）助陰雲蔽月，以濟我師。』傾之，雲霧晦暝，即渡江，竊取軍號，斫其營。」把戰勝敵軍歸功於祈禱而獲得天助。乾寧四年（897）八月，錢鏐向唐朝請封胥江惠應侯爲吳安王，理由是：「先是，安仁義將沿江入寇，一夕驚濤，沙路盡毀。王（錢鏐）感其神異，請而封之。」神不僅助錢鏐軍隊戰勝，還破壞敵軍對錢鏐軍隊的偷襲。開平二年（908）九月，錢鏐又奏請後梁封故隋司徒陳仁杲爲福順王，「以仁杲常以陰兵助王（錢鏐）」故也。〔註6〕錢鏐對神的一再請封，與大事修廟、親撰碑記一樣，實質上都是一種宣傳手段。諸如此類的「神異」故事，史籍中還可撿拾若干。這些「神助」故事，或是偶然事件，通過附會而成；或是子虛烏有，虛構而來。故事神秘，無從核實，信不信由你。但可以斷言，在人們宗教觀念深厚的古代社會，這對激勵錢鏐軍隊的士氣、鬥志，無疑是有積極意義的，是「曉之以理」所不能企及的。

　　其次，通過祭祀，加強與神靈的聯繫，祈求得到神助，並藉此「神道設教」，以培養子弟、臣民的忠孝之心。祭祀既是中國以「敬天法祖」爲核心的宗法性傳統宗教的重要活動之一，也是封建時代在意識形態領域占主導地位的儒學倡導的「禮」的重要內容之一。《禮記·昏義》篇云：「夫禮，始於冠，本於昏（婚），重於喪祭。」《祭統》篇又云：「凡治人之道，莫急於禮，禮有五經，莫重於祭」。錢鏐在治軍、治國過程中，對於祭祀也極重視，將祭祀作爲團結親族，籠絡將士臣民的一種重要手段。其祭祀活動包括：

　　1、祭祖先。在古代，祭天是禮制規定天子的特權。錢鏐身爲大臣，不能僭越禮制，只能祭祖。在宗法性傳統宗教中，天是祖的延伸，祖是天與人溝通的

〔註6〕《吳越書》卷一，《太祖紀第八》。

中介。祖先拜祭是維繫血親關係的重要機制，其意義在於維護孝道。當時，錢鏐的部下中，不時有見利忘義，伺機叛亂者，這對錢鏐事業的發展是一大障礙。錢鏐深爲此而頭痛。他認識到，要培養部下的忠心，首先得從培養子弟的孝道著手，子弟孝，臣下忠，事業才可成功，此即儒家所謂「齊家治國平天下」。光啓四年（888）七月，錢鏐在臨安九州山新修錢氏九州廟，〔註7〕天祐三年（906）十一月，通過唐朝敕命，允准於本道建三代私廟。〔註8〕開平四年（910），後梁敕封錢氏三世，「敕建三世廟於安國衣錦軍」。〔註9〕錢鏐修宗廟，祭祖先，旨在培養子弟、臣民的忠孝觀念，防範犯上作亂。其後，錢氏宗室和穆，將臣忠心，可見其修宗廟，敬祀事的積極意義。

2、祭忠臣。爲培養將臣對自己的忠誠，錢鏐的法寶之一是對已逝忠臣的拜祭，包括拜祭地方歷史上的忠臣及自己軍隊中出現的忠臣。乾寧二年（895），「是歲終，郊封胥山伍子胥爲惠應候」。〔註10〕伍子胥，春秋時吳國大夫、忠臣。胥山即今浙江杭州市內吳山，山上原有伍子胥廟。對伍子胥祠的加封，雖出自唐廷，卻是應錢鏐的奏請；封祠祭神的目的，一是祈求神靈對自己的佐祐，二是顯示自己對忠臣的敬意。對病死或戰歿的忠將，錢鏐也以祭拜表示自己的感恩和崇敬。唐光啓三年（887），潤州牙將劉浩叛亂，逐其帥周寶，推度支催勘官薛朗爲帥。錢鏐遣將取周寶以歸，並「具軍禮郊迎」。不久，周寶病卒。其後，錢鏐遣杜陵等攻潤州，逐劉浩，執薛朗。錢鏐「剖其（薛朗）心以祭（周）寶」。〔註11〕杜陵，唐末歸附錢鏐，對錢氏忠心耿耿。乾寧年間（894～898），杜陵敗淮南宣州叛軍。錢鏐將叛軍改編爲親兵，號「武勇都」。杜陵認爲叛降之軍勇悍無賴，置之肘腋必爲禍患，曾密疏錢鏐以士人取而代之。錢鏐不從。其後，武勇都果然反叛，與淮南勾結，幾置錢鏐於死地。錢鏐爲表彰杜陵的先見及忠誠，「使祭之，旌其先見」。〔註12〕武勇都軍叛亂時，高渭率師入援，中伏戰死。後叛亂平定，投奔淮南的叛酋徐綰被淮南檻送回來。錢鏐「命剖（徐綰）心以祭高渭」。〔註13〕對死者的祭祀，宗旨顯然在於激勵生者。吳越國多忠節之將臣，絕非偶然。

〔註 7〕　《民國杭州府志》。
〔註 8〕　《吳越備史》卷一。
〔註 9〕　《十國春秋》卷 78，《武肅王世家下》。
〔註 10〕　《吳越備史》卷一。
〔註 11〕　《新五代史》卷 67，《吳越世家第七》。
〔註 12〕　《吳越備史》卷四。
〔註 13〕　《吳越備史》卷一。

3、祭自然神。宗教學告訴我們，古代生產力水平低下，人們在自然界面前顯得脆弱渺小，於是產生對自然物和自然力的畏懼感、依賴感和神秘感，認為萬物萬象背後都有一個神秘莫測的主宰，此即所謂自然神。自然神能力遠遠高於人類，它能給人類造成禍殃，又能為人所用，福祐人類。吳越國濱江臨海，其人對江海之神十分虔誠。史籍中常見錢鏐對這些自然神靈的祭祀祈求。如《吳越備史》卷一載：唐末乾寧三年（896）正月，淮南將安仁義出戰船自湖州將渡江以應叛亂的董昌。錢鏐命武勇都指揮使許再思率師禦之。「（安）仁義竟不敢渡。然沙路之患未弭，乃祭江海而禱胥山祠。一夕，驚濤，沙路悉毀。江壖一隅無所患矣。」浪濤毀壞沙路，阻擋了敵軍的入侵，或許是偶然的自然現象；但因為事情湊巧，在錢鏐及其將士看來，這是祭祀祈禱有效，江海神靈「顯聖」的結果。

再次，算命、占卜、禁忌等宗教性活動、情感，曾一次次給錢鏐注射了「強心劑」、「鎮靜劑」，使他在遭遇挫折之時不氣餒，對前景充滿信心。在天、神決定人間一切的傳統宗教觀念的影響下，古代中國人形成了根深蒂固的宿命思想，上至君主帝王，下及平民百姓，概莫能外。每當疑惑或挫折之時，人們便會求助於算命、占卜，以窺知「天意」及個人命運，預測事情的發展趨向。錢鏐對算命與占卜都深信不疑。唐末，錢鏐隸屬董昌為偏將，時年二十四歲，頗受董昌倚重。一日，董昌派遣錢鏐去臨安，途經餘杭，有瞽者善摸骨相，集於龍光橋。錢鏐因請瞽者看（摸）相。瞽者摸後，竟無一言。若干日後自臨安返回，時已日暮，相者仍在橋所。錢鏐遂贄金請相。「相者曰：『旁無人乎？』，王（錢鏐）曰：『獨在斯。』相者乃引臂久之，歎曰：『天下亂矣，期時之內，再遇貴人。』言訖而去。旬日後，王復以束帛至餘杭，將酬之，訪於鄉閭，竟絕蹤迹。」〔註14〕一個目瞎相者憑觸摸即可辨出前後乃為一人，可見錢鏐「骨法」確乎與眾不同；而骨法與眾不同當然意味著錢鏐乃「非常人」、「貴人」，前程無可限量。這無疑大大激勵了錢鏐努力拼搏的信心。

戰爭期間，每遇挫折，錢鏐也常常通過卜筮，向術士探知前事。在他的幕府中，就有專職的占候者，如葉簡，「善占候，尤精風角，武肅王（錢鏐）辟居幕中」；〔註15〕善占卜的李咸與葉簡同在武肅王幕府〔註16〕。天復二年

〔註14〕《吳越備史》卷一。
〔註15〕《十國春秋》卷88，《葉簡傳》。
〔註16〕《十國春秋》卷88，《李咸傳》。

（902）八月，武勇都指揮使徐綰及左武勇都指揮使許再思聯合反叛。錢鏐倉猝率師平叛。在勝負未分，前途未卜之時，錢鏐憂心如焚，便借助占筮以測吉凶。據載：「初，王（錢鏐）行至龍泉，聞變，召李咸占之。（李咸）曰：『大王霸業方永，但分野小災耳，請勿爲慮。不然，大王當有疾。』王曰：『寧我有疾，豈宜害百姓耶？』王又召葉簡筮之。曰：『賊無如我何。』王曰：『淮人將同惡乎？』簡曰：『淮人不來，宣城（州）當濟賊，季多方敗，然宣城亦當敗於明年，今不足慮。』如期皆驗也。」〔註17〕李咸及葉簡都是錢鏐熟悉親善的術士，他們當然不會長叛軍聲威滅錢鏐志氣，而必然會說有利於錢鏐的話。他們占筮的結果一致：叛亂不會動搖錢鏐霸業的根基，必然以失敗告終。這令錢鏐吃了定心丸，增強了戰勝叛亂的決心和信心。

二

錢鏐不僅在治軍發迹過程中，與宗法性傳統宗教結下了不解之緣，封王建國以後，宗教仍然是錢鏐治國理民的一種重要的輔助手段，表現在：

（一）通過封神建廟、編排傳佈神話等宗教活動，大力宣揚「天人感應」、「王權神授」，藉此鞏固自己的政治地位和權力。天祐四年（907）四月，朱溫「受唐禪」，改元「開平」，建立五代第一個中原王朝——後梁。五月，後梁晉封錢鏐爲「吳越王」（此前錢鏐分別被唐封爲吳王或越王）。錢鏐認爲，自己霸業的成功，「啓吳越之雙封，爲東南之盟主」，是得到神靈扶助的結果，因此，成功之後，首先應當對神靈表示「酬謝」。他在開平元年修葺鎮東軍牆隍神廟並上表請求後梁進封牆隍神爲「崇福侯」，就是酬神之一舉。在《修牆隍神廟兼奏進封崇福侯記》中，錢鏐就將自己霸業的成功與神靈的「冥力護持」相聯繫，謂：「今當吳越雙封，一王理事，亦仗土地陰騭，冥力護持。神既助今日之光榮，予亦報幽靈之煥耀」。〔註18〕天寶元年（908）九月，後梁應錢鏐之奏請，「封故隋司徒陳仁杲爲福順王」。據說，「仁杲常以陰兵助王（錢鏐）。王崇報之，請封於（後）梁，且令請州皆立廟。」〔註19〕天寶二年五月，錢鏐親巡蘇州，「封故唐曹王明爲昭靈侯」。李明爲唐太宗子。據說，「淮人圍姑蘇時，守將禱於其廟，（敵軍）輒自潰去，故加封焉」。同年，「命建雙仁祠，

〔註17〕 《吳越備史》卷一。
〔註18〕 《吳越備史》卷一。
〔註19〕 《十國春秋》卷78，《武肅王世家下》。

祀唐顏眞卿，以從父兄杲卿並饗」。天寶十年（917），「建崇善王廟於蓬萊閣西」。次年十一月，「立晉分水令朱徹廟於新登縣，封（朱）徹通靈侯」。天寶十二年（919），「封安國縣獨山神爲鎮水山王」，等等。〔註20〕寶正六年（931）十一月，錢鏐臨死前一年，他還大事重修防風山（氏）靈德王廟。據《一統志》記載，防風氏廟建於唐元和年間（806～820），錢鏐曾祈禱有應，故請封顯德王，因年久失修及戰爭破壞，已呈頹壞之象，錢鏐因此重加修整。在《廟記》中，錢鏐說明重修此廟的緣由是：「一則酬忠臣之啓願，二則答陰騭之匡扶，唯冀明神，永安締構，稟元化而口垂恩福，鎮土疆而陰軍民，保四時風雨順調」，同時爲民眾提供「請福祈恩之所」，期望「後來賢彥知士，精敬神明」，有助於維持吳越國的社會治安。〔註21〕錢鏐修建神廟，奏封王侯，實質在於說明其如今獲得的地位和權力都是「神授」的。他認爲王權抹上了神聖的色彩，就可以長久得以維持。這就是錢鏐每獲加官晉爵，常伴有宗教活動的奧秘所在。

（二）以「骨法」選拔治國人才。「骨法」是古代相人術的一種。相人術是通過相人之形貌氣色而預測其才能高下、命運吉凶之術。相人術早在春秋戰國時期已流行。相人術的理論依據是傳統的天帝命定信仰，亦即西漢大儒董仲舒所謂「天人相副」：既然人的才能、命運都是由天注定的，因而，上天在賦予各人面貌、形態方面，當然也會有所不同，故而通過人的面貌形態，即可窺知此人的才能、品性及其福祿。正如東漢學者王充所言：「人命稟於天，則有表候於體，察表候以知命，猶察斗斛以知容矣。表候者，骨法之謂也。」（王充：《論衡·骨相》）錢鏐不僅深信相人之術，曾請相者算命，而且其本人對相人術也有鑽研，尤精「骨法」相人術。在統兵作戰過程中，他常用「骨法」之術相人、用人。建國之後，通過「骨法」選人、用人仍是其政治的一種重要手段。《十國春秋》卷七八《武肅王世家下》載，建國之初，爲了從北方流移而來的人士中挑選賢能，錢鏐曾派遣數十名畫工居於淞江邊，稱爲「攣手校尉」，職責是「伺北方流移來者，咸寫貌以聞，擇清俊者用之」。畫工對北方流移來者「咸寫貌」顯然不可能（其時北方戰亂，流移南來者眾多）；很可能是畫工根據錢鏐的「骨法」之術，將「骨法」特異者描畫下來，供錢鏐選擇任用。《十國春秋》卷八六林鼎傳又載，林鼎謁武肅王錢鏐，錢鏐辟爲文

〔註20〕《十國春秋》卷78，《武肅王世家下》。
〔註21〕《十國春秋》卷78，註引《廟記》。

穆王（錢鏐子錢元瓘）幕府。文穆王因爲林鼎有卓越之才，多次向父王錢鏐推薦，都不見任用；一次又上密表推薦，錢鏐這才道出不重用林鼎的原因。「武肅王曰：『（林）鼎骨法非常，眞輔相器。然我不驟貴者，欲汝貴之，庶盡心於汝也。』」原來，錢鏐是從長計議，讓文穆王繼位後再重用林鼎，林鼎就會因爲感恩而竭心盡智效力於文穆王，爲吳越國政治服務。其後，林鼎成爲吳越國重要丞相，似乎證明了錢鏐的「骨法」之術的「靈驗」。又如曹仲達，「道過錢塘，武肅王奇其貌，遂以王妹儷（配偶）焉，累授臺、處二州刺史」，「及建國，拜丞相」。〔註22〕

（三）將祭祀、巫術應用於生產領域，以激勵、凝聚民心，發展經濟。古代中國是以農業生產爲主的國家，農業的興衰，關係到國家、民族的興衰。因此，祭祀、巫術等宗教活動也常常用於生產領域，以祈求風調雨順，災害消除，五穀豐登。在吳越國歷史上，用於生產領域的祭祀、巫術活動見於記載的主要有：

1、祭祀驅蟲。遭遇突發性自然災害（如蝗災等）之時，人無力抗衡抵禦，又不甘束手旁觀，便進行祭祀，冀望神靈助祐，禳除災害。據載，後唐天成三年（928），「夏，六月以來，大旱，有蝗蔽日而飛，晝爲之黑，庭戶衣帳充塞之。王（錢鏐）親祀於都會堂。是夕，大風，蝗墜浙江而死。〔註23〕偶然的一場大風令無數蝗蟲折翼溺斃江中，似乎顯示了祭祀的「靈驗」。實際上，此類祭祀活動還另有其政治意義：祭祀不靈，也顯示了統治者憂國憂民，有勵精圖治之志；祭祀「靈驗」，則顯示了統治者具有神性，故得上天（神）保祐——無論如何都有利於凝聚民心。

2、以巫術協助築塘。後梁開平四年（910）八月，錢鏐徵集民夫，於候潮門外築捍海塘。這是一項對吳越國經濟發展意義重大而又異常艱難的水利工程。「初定基時，王（錢鏐）因苦爲江濤怒潮，水急湍流，晝夜沖激沙岸，版築不能就」。經過失敗之後，爲了激勵民心，錢鏐利用民眾的崇神心理，舉行了一系列的祭祀、祈禱、厭勝等宗教儀式。且不探究流潮的轉向是否眞是祈禱、厭勝所致；可以斷言，一系列的宗教活動，大大鼓舞了民夫築塘捍海的幹勁，終將捍海大堤築就。捍海塘（堤）的築成，爲吳越國農業經濟的發展創造了良好的條件。

〔註22〕《十國春秋》卷86，《曹仲達傳》。
〔註23〕《吳越備史》卷二。

　　錢鏐是五代時期吳越國的奠基者和開創者。在他的統治下，東南一隅出現了局部統一局面。在長達半個世紀的和平環境中，吳越國政治較清明，經濟得發展，文化趨向繁榮。因此，錢鏐不僅在吳越地方史上，而且在中國古代史上，都佔有重要地位。錢鏐對國情民情有清醒的認識，他善於借助種種宗教的手段，不僅神化了自身，增強了凝聚力，同時又充分刺激和調動了士卒作戰和民眾生產的積極性，爲其霸業的成功及史冊留名奠定了良好基礎。傳統的宗法性宗教，不僅對錢鏐本人有重要影響，對吳越國歷史也有重要影響。

引用文獻

〔1〕卞孝萱、鄭學檬：《五代史話》，北京出版社 1985 年版。

〔2〕陶懋炳：《五代史略》，人民出版社 1985 年版。

〔3〕時光、王嵐編：《宗教學引論》，中央民族大學出版社 1994 年版。

〔4〕〔清〕吳任臣：《十國春秋》，中華書局 1983 年版。

〔5〕〔宋〕范坰、林禹：《吳越書》，臺北，宏文藝苑 2000 年版。

〔6〕陳璚等：《民國杭州府志》，《中國地方志集成·浙江府縣志輯》。上海書店 1984 年版。

〔7〕〔宋〕錢儼：《吳越備史》，文淵閣四庫全書本。

〔8〕〔宋〕歐陽修《新五代史》，中華書局 1974 年版。

三十三、前車之覆，後車之鑒
——五代後唐莊宗、明宗政治得失之比較

摘　要

　　五代時期，出自沙陀部族的李存勗、李嗣源先後登上皇位，是爲後唐莊宗、明宗。政治上，莊宗是個失敗者，明宗是個成功者。二帝對用人與吏治的態度不同；對民生與經濟的政策不同；政治與生活作風也不同。莊宗性貪婪，好俳優，好聲色，信用伶人、宦官，忽視歷史的經驗教訓，拒諫飾非；而明宗性「廉儉」，器重碩儒端士，重視歷史的經驗教訓，虛懷納諫，從善如流。這是莊宗、明宗政治得失成敗的重要原因。

　　關鍵詞：五代；後唐；莊宗、明宗

　　五代時期，社會分裂，戰爭連綿。在這風雲激蕩之際，許多北方少數民族人氏憑藉軍功而晉身歷史舞臺，成為著名軍閥、將帥，以至成為帝王。其中，出自北方民族而登上「九五之尊」者有後唐莊宗李存勖、明宗李嗣源、後晉高祖石敬瑭、後漢高祖劉知遠以及北漢劉旻。其中，後唐莊宗、明宗又是較令人矚目的兩位統治者。

　　關於李存勖的家世出身，《資治通鑒》胡三省注云：李存勖，「晉王（李）克用長子也。其先本號朱邪，出於突厥處月別部，居沙陀，自號沙陀，而以朱邪為姓。至執宜歸唐。執宜子赤心有功於唐，賜名李國昌，編於屬籍。克用，赤心之子也」。〔註1〕關於李嗣源的家世出身，《舊五代史》卷35《明宗紀第一》謂「代北人也」，似乎出自漢族；但《新五代史》謂「明宗本出夷狄」；〔註2〕《資治通鑒》亦記載：李嗣源，「本胡人，名邈佶烈，無姓」，因作戰勇悍被李克用收為養子，故冒姓李氏；〔註3〕莊宗之所以令人矚目，在於他是五代史上一位傑出的將帥，作為晉王，他統率多民族組成的晉軍，不屈不撓，歷經十餘年艱苦卓絕的戰爭，終於推翻了篡唐而建的朱氏後梁王朝，「重建」唐家天下（李存勖因唐朝賜姓李，以唐朝宗室自居，故其所建王朝亦稱「唐」，史稱後唐）。但李存勖（建立後唐後稱莊宗）在政治上卻是一個無能者、失敗者，統治只維持了三年，即在內亂中被弒身亡。明宗之所以令人矚目，不僅在於他既是一位戰功顯赫的將帥，而且也是一位政治上的成功者。明宗在位八年，在他的統治之下，後唐朝經濟得以恢復發展，民眾得以休養生息，一度出現了戰亂時代難得見到的「小康」之局。

　　明宗政治上的成功，是因為借鑒了莊宗失政的深刻教訓，可謂「前車之覆，後車之鑒」。這從莊宗、明宗施政措施及風格迥然不同即可明瞭。

一、對用人與吏治態度的不同

　　人才是國家建設的重要依靠。任何一個有見識、有作為的封建君主，都會重視人才的搜羅和任用。莊宗在立國之初，對人才於國家政治的重要意義未有足夠的體認。在他的思想觀念中，門第意識尚有較大的影響。因此，依門第任官，是莊宗建立後唐之初的一項用人原則。史載，同光元年（923）二

〔註1〕《資治通鑒》，第8879頁。
〔註2〕《新五代史》，第506頁。
〔註3〕《資治通鑒》，第8307～8308頁。

月，莊宗「下教置百官，於四鎮判官中選前朝士族，欲以爲相」。〔註4〕四鎮指河東、魏博、易定、鎮冀。依此原則，決定了以義武節度判官豆盧革爲門下侍郎，河東觀蔡判官盧程爲行臺左、右丞相，以河東節度判官盧質爲禮部尚書。四月，正式祭告上帝，即皇帝位後，以豆盧革爲門下侍郎，盧程爲中書侍郎，並同平章事，又以義武掌書記李德林（唐相李絳之孫）爲御史中丞。這些人雖出自名門，但「皆輕淺無他能」。莊宗重用他們，於政治實有害而無益。故胡三省注云：「興王之君，命相如此，天下可知矣。」〔註5〕

受莊宗這一用人政策的影響，朝廷中掌握用人大權的宰相也以門第爲命官的重要依據。如樞密使郭崇韜不僅本人冒認唐代名將郭子儀爲其祖先，以擡高自己的門第，而且由是以膏梁自處，多甄別流品，引拔浮華，鄙棄勳舊。有求官者，崇韜曰：「深知公功能，然門地寒素，不敢相用，恐爲名流所嗤。」〔註6〕如此用人，一方面使眾多出自名門的庸碌之輩得以佔據朝廷高官顯職，另一方面卻使許多出身微賤的功臣或賢能受到排斥、壓抑，仕進無望，怨聲載道。五代史家陶懋炳對此評論說：「這一措施，卻招致了一批腐朽的士族官僚，把政治風氣弄得更加敗壞。豆盧革、韋說、盧程等士族（以）舊望擢居宰輔，諂佞貪官，顢頇無能，還向一些頗有見識的謀臣猛將進行侵蝕，醉心門第。」〔註7〕

以門第任官是魏晉南北朝時期盛行的政治制度，造成了嚴重的弊端。此制度在隋唐時期已趨於衰落，被宣佈廢除。朝廷改爲開科取士，不論門第，以德、才、藝能爲命官的重要標準。莊宗卻逆歷史潮流而動，自然不會有好的結果。

明宗即位，吸取莊宗用人失誤的教訓，拋棄了以門第任官的陳規陋矩，而以德才爲用人標準，要求地方官肩負起向朝廷舉薦人才的重任，並對各類官員薦舉人數作了規定：「三品已上各舉堪任兩使判官者」；「朝班自四品以上官各許薦令、錄兩人，五品官各薦簿、尉兩人」。天成三年（928）五月又規定：節度使每年許薦二人，帶使相者許薦三人，團練、防禦使可各薦一人。爲使舉人無虛濫，明宗又推行舉主與被薦舉者治績或表現掛鉤的「連坐」制，

〔註4〕《資治通鑑》，第8879頁。
〔註5〕《資治通鑑》，第8882～8883頁，胡三省注。
〔註6〕《資治通鑑》，第8915頁。
〔註7〕《五代史略》，第71頁。

即「功過賞罰，與舉者同之」：「其所舉人，仍於官告內標所舉（舉主）姓名，或有不公，連坐舉主」。〔註8〕這就防止了官員敷衍塞責，草率薦舉、或舉人唯親，保證了薦舉的質量。天成三年七月，齊州防禦使曹廷隱「以奏舉失實，配流永州，續敕賜自盡」。〔註9〕因為「奏舉失實」即「敕賜自盡」，似乎過於嚴厲甚至殘酷了，但這說明了明宗的舉薦連坐制是得到切實執行的。選拔具有真才實學者任官，對於改良政治，發展經濟，穩定社會，都有莫大的益處。如明宗以任圜為中書侍郎、同平章事，仍判三司，史載：「（任）圜憂公如家，簡拔賢俊，杜絕僥倖，期年之間，府庫充實，軍民皆足，朝綱粗立。」〔註10〕馮道任相，以儒家政治理念引導明宗施行仁德之政，對明宗朝政治也大有裨益。

莊宗與明宗對於吏治的態度也完全不同。吏治關係到王朝的治亂興衰。但莊宗輕視吏治，容許官吏貪墨；明宗則重視吏治，以考覈為澄清吏治手段，對於貪墨官吏嚴懲不貸。莊宗沒有認識到民為邦本的政治道理，只注重目前的現實利益。官吏哪怕是以損害民眾利益而滿足統治者目前的需要，也可以得到表彰。莊宗稱帝之初，後梁王朝尚未滅亡，後唐與後梁之間的戰爭還在激烈進行，後唐財政極端困難。租庸副使孔謙「暴斂以供軍，民多流亡，租稅益少，倉廩之積不支半歲」。〔註11〕孔謙「暴斂以供軍」，無異於剜肉補瘡，雖可解一時之急，卻造成「民多流亡，租稅益少」的局面，激化了階級矛盾，動搖了後唐王朝的立國根基。滅後梁後，莊宗君臨中原，曾頒佈過一些減輕民眾賦稅負擔的詔令，但這些詔令都沒有得到切實的執行，詔令成了具文，原因是官吏不僅不依詔令行事，而且變本加厲搜刮，這樣的官吏不僅不受處罰，反而得到表彰。如租庸使孔謙「欲聚斂以求媚，凡赦文所蠲者，謙復徵之。自是每有詔令，人皆不信，百姓愁怨」。這樣一個禍國殃民、民怨沸騰的貪官竟得到莊宗的嘉獎，「賜（孔）謙號豐財贍國功臣」。〔註12〕

與官吏對民眾巧取豪奪、貪污腐化沒受到處罰、打擊，反而受到表彰相反，正直廉潔的官員由於得罪了宦官、伶人及權臣而落得了可悲的結局。河南令羅貫的被戮即為典型一例。羅貫，性強直，被為官正直的樞密使郭崇韜

〔註 8〕《舊五代史》，第 524 頁。
〔註 9〕《舊五代史》，第 540 頁。
〔註10〕《資治通鑑》，第 8984 頁。
〔註11〕《資治通鑑》，第 8893 頁。
〔註12〕《資治通鑑》，第 8913 頁。

所賞識。羅貫「爲政不避權豪，伶宦請託，書積几案，一不報」。當時伶人、宦官受莊宗寵幸，能左右官員的黜陟甚至生死，羅貫本可以藉此巴結宦官、伶人，以求加官晉爵，但羅貫沒有這樣做。這得罪了伶人、宦官，也得罪了河南尹張全義。他們在莊宗面前對羅貫「共毀之」。終於，莊宗藉口「道路泥濘，橋多壞」而將羅貫逮捕下獄，「獄吏榜掠，體無完膚，明日，詔殺之」，「暴屍府門，遠近冤之」。〔註13〕受此影響，莊宗朝還有官員敢得罪無惡不作的伶人、宦官及權臣嗎？還有官員不通過搜刮民脂民膏而去「貢獻」君主，巴結權奸嗎？

吸取莊宗吏治的失誤，明宗對吏治很重視。他即位之初，首先整飭吏治，對在莊宗朝爲官貪濁、以權謀私、影響惡劣的官員給予嚴懲，不論其原官位高低。如「數租庸使孔謙姦佞侵刻窮困軍民之罪而斬之，凡謙所立苛斂之法皆罷之」，〔註14〕以此平息軍民之憤，爭取民心歸向；原門下侍郎、同平章事豆盧革，「百官俸錢皆折估，而革父子獨受實錢；百官自五月給，而革父子自正月給；由是眾論沸騰」；原宰相韋說，「以孫爲子，奏官；受選人王修賂，除近官」。豆、韋二相均因以權謀私而被貶官，豆盧革被貶爲辰州刺史，韋說被貶爲漵州刺史，後均賜自盡。在後梁朝惡貫滿盈，對後梁亡國負有不可推御責任的溫韜、段凝，在莊宗朝以賄賂而獲得寵任。明宗即位，將二人並放歸田里。

其次，是對廉能、政績突出的官員給予表彰，以爲朝野官吏學習的榜樣，如李承約任黔南節度使，「承約以恩信撫諸夷落，勸民農桑，興起學校。居數年，當代，黔南人詣京師乞留，爲許留一年。」〔註15〕張希崇，靈武節度使，在治理邊疆中政績突出，史載「靈州地接戎狄，戍兵餉道，常苦抄掠，希崇，開屯田，教士耕種，軍以足食，而省轉饋」；張希崇還「撫養士卒，招輯夷落，自回鶻、瓜、沙皆遣使入貢」。明宗因而「下詔褒美」。〔註16〕

再次，是對官吏進行嚴格的考覈。對內外文武臣僚，每歲令有司明定考校，以便黜陟；對諸州刺史，「有政聲者就加恩澤，無課最者即便替移」。〔註17〕

明宗對官員貪濁深惡痛絕，即使是自己身邊的親近人員或關係密切的官

〔註13〕 《資治通鑒》，第 8935～8936 頁。
〔註14〕 《資治通鑒》，第 8980 頁。
〔註15〕 《新五代史》，第 527 頁。
〔註16〕 《新五代史》，第 528 頁。
〔註17〕 《舊五代史》，第 513 頁。

吏也不姑息。如，李金全曾隨明宗征戰多年，功勳顯赫，但「在鎮務爲貪暴」，被明宗罷官。李金全給明宗獻馬數十匹，過幾天又獻。「明宗謂曰：『卿患馬多邪，何獻之數（多次）也？且卿在涇州治狀如何，無乃以馬爲事乎？』金全慚不能對。」〔註18〕胡三省對此事評論道：「唐明宗雖出於胡人，斯言也，君人之言也。」〔註19〕這是對明宗關心吏治、痛斥貪官的肯定，肯定他是一位勵精圖治之君，這與莊宗受了賄賂，對官員的一切罪惡都可以既往不咎迥然不同。

對於朝廷官員出使地方，常常干預地方用人行政的現象，明宗也加以禁止，聲明此後再有此類現象發生，一定嚴懲不貸，不僅干政者要貶官，被薦人也要流配；地方官如若循情枉法，許人詣闕上訴，亦予處罰。

正因爲明宗對吏治極重視，因而與莊宗朝貪官多廉吏少相反，明宗朝湧現了不少清廉的官員，包括受明宗信用的宰相馮道、李愚等。馮道「爲人能自刻苦爲儉約」；〔註20〕李「愚爲相，不治第宅，借延賓館以居。愚有疾，明宗遣宦官視之，見其敗氈敝席，四壁蕭然，明宗嗟歎，命以供帳物賜之」；〔註21〕楊光遠，明宗時任嬀、瀛、冀、易四州刺史，「以治稱」〔註22〕。張廷蘊，「素廉，歷七州，卒之日，家無餘貲」。〔註23〕這些官員的廉潔，一方面是明宗懲貪獎廉的結果，另一方面則是明宗爲群臣樹立了廉潔生活的良好作風，正所謂「上有所好，下必甚焉」。

二、對民生與經濟政策的不同

作爲最高統治者，莊宗並非毫無憫民恤民之心，並非沒有頒佈過便民利民詔令。同光元年（923），莊宗初即位，即下制曰：「理國之道，莫若安民；勸課之規，宜從薄賦」；「應諸道戶口，並宜罷其差役，各務營農。所繫殘欠賦稅，及諸務懸久積年課利，及公私債務等，其汴州城內，自壬午年十二月已前，並放」；「或鰥寡惸獨，無所告者，仰所在各議拯救」。〔註24〕同光二年

〔註18〕《新五代史》，第540～541頁。
〔註19〕《資治通鑒》，第9077頁，胡三省注。
〔註20〕《新五代史》，第612頁。
〔註21〕《新五代史》，第621頁。
〔註22〕《新五代史》，第587頁。
〔註23〕《新五代史》，第530頁。
〔註24〕《舊五代史》，第416頁。

二月，為化解社會矛盾，安定社會，蘇息民困，莊宗又宣佈：「大赦天下，應同光二年二月一日昧爽已前，所犯罪無輕重，常赦所不原者，咸赦除之」，旨在讓身陷圖圄者得以釋放。針對當時社會動亂，許多婦女自願或被迫賣身為婢妾的現實，莊宗規定：「應有百姓婦女，曾經俘虜他處為婢妾者，一任骨肉識認。男子曾被刺面者，給與憑據，放逐營生」，旨在使許多人家得以親人團聚，也可使這些人得以與生產相結合；還下令要求各地方官吏檢括天下戶口、墾田實數，「待憑條理，以息煩苛」。莊宗還注意對社會風氣的整飭，針對戰亂之後經濟凋敝，而一些人卻靡費社會資源，追求奢侈生活方式的不良風氣，莊宗詔書加以切責，指出：「近年已來，婦女服飾，異常寬博，倍費縑綾，有力之家，不計卑賤，悉衣錦繡，宜令所在糾察。」〔註25〕

　　單從詔令內容看，莊宗頗有民本思想，不乏勵精求治之志；然而，實踐告訴我們，封建帝王的詔令跟現實是不能完全劃等號的。許多因素都會影響到政令的貫徹執行，甚至可以讓帝皇的詔令成為具文。莊宗號召社會節儉，而其本人卻生活奢侈；對於腐敗的吏治不加整飭；加之「權臣恨戾，伶宦用事，吏人孔謙酷加賦斂，赦文之所原放，謙復刻剝不行，大失人心」。〔註26〕這就使莊宗的便民、利民之詔成了一紙空文！莊宗對於開源節流的政治意義也缺正確認識。莊宗一方面貪財如命，另一方面卻又不吝嗇財物靡費。在戰爭年代，財政緊張，莊宗與親幸者豪賭，要用財物為賭注，受到當時主管財賦的監軍使張承業的阻撓，莊宗曾欲殺之；建國稱帝後，莊宗沒有注重「開源」，沒有採取有效措施恢復發展經濟，蘇息民困，也沒有在「節流」上加以注意。莊宗還在立國之初，財政困難之際，擴充後宮，蓄嬪妃數以千計，又豢養大批宦官、伶人，興建無益土木工程，對寵臣的賞賜也出手慷慨，耗費錢財無數；又放任貪官污吏克剝百姓，使民眾流散，鄉村凋敝。以上原因造成了莊宗朝嚴重的經濟危機。經濟危機首先觸發了軍隊對莊宗的極端不滿。據史載：同光三年，「是歲大饑，民多流亡，租賦不充，道路塗潦，漕輦艱澀，東都倉廩空竭，無以給軍士。租庸使孔謙日於上東門外望諸州漕運，至者隨以給之。軍士乏食，有雇妻鬻子者，老弱採蔬於野，百十為群，往往餒死，流言怨嗟」。〔註27〕次年，政治危機與經濟危機交互作用，造成嚴重內亂，莊

〔註25〕《舊五代史》，第 428 頁。
〔註26〕《舊五代史》，第 428 頁。
〔註27〕《資治通鑒》，第 8949～8950 頁。

宗被弒身死。莊宗爲時三年的統治宣告結束。

明宗即位，吸取莊宗的教訓，一方面採取並切實貫徹執行各項便民、利民政策措施，另一方面多渠道開源節流，使經濟獲得發展，一度出現了「小康」之局。

1、釋放囚徒，輕刑愼罰。五代亂世，社會動蕩，治安形勢險峻，統治者以「重典」治世。嚴刑峻法使許多人搖手觸禁，身陷囹圄。明宗在位期間，每遇登基、改年號、自然災害等重大事件，都會下詔宣佈大赦，釋放囚徒，如將「天成」五年改爲「長興」元年，即宣佈「大赦天下，除十惡五逆、放火劫舍、屠殺、官典犯贓、僞行印信、合造毒藥外，罪無輕重，咸赦除之」。〔註28〕長興三年（932）六月，又以霖雨積旬，久未晴霽，而令「京城諸司繫囚，並宜釋放」。〔註29〕長興四年（933）八月，又「制大赦天下，常赦所不原者咸赦除之」。〔註30〕多次下詔釋放囚徒，雖使一些犯罪者逃避了應得的懲罰，但亦使許多無辜或輕犯者得到解放，爲生產提供了勞動力，也緩和了階級矛盾。刑罰是統治者進行統治必不可缺的工具；但刑罰由於司法官吏素質參差不齊，事實判認不清等原因，又常偏離其治世功能，成爲害民虐政之一。因此，明宗要求執法官員要愼刑。天成二年（927），明宗接受左拾遺李同的建議，「令天下繫囚，請委長吏逐旬親自引問，質其罪狀眞虛，然後論之以法，庶無枉濫」。〔註31〕對造成冤案的，相關官員要受罰。

2、輕繇薄賦，便民利民。賦稅和徭役是封建時代壓在勞動人民肩上的兩副重擔。只有減輕民眾肩上的負擔，民眾的生活才有保障，才能激發生產的積極性。明宗採取了多項措施以減輕民眾的賦徭負擔。天成元年（926）四月，明宗下詔：秋夏之稅，原先每斗加徵「省耗」一升，「今後只納正數，其省耗宜停」。〔註32〕長興四年（933）三月，明宗「詔除放京兆、秦、岐、邠、涇、延、慶、同、華、興元十州長興元年、二年係欠夏稅稅物，及營田莊宅務課利，以其曾輦運供軍糧料也」。〔註33〕地方官吏爲著自己的權位，常以「貢獻」名義給君主、朝廷權貴輸送錢財，而這些錢財實際上都搜刮自民眾。爲杜絕

〔註28〕《舊五代史》，第 560 頁。
〔註29〕《舊五代史》，第 592 頁。
〔註30〕《舊五代史》，第 606 頁。
〔註31〕《舊五代史》，第 518 頁。
〔註32〕《舊五代史》，第 496 頁。
〔註33〕《舊五代史》，第 603 頁。

此種情況，明宗規定：各地節度使、防禦使，「除（元）正、（冬）至、端午、降誕四節量事進奉，達情而已，自於州府圓融，不得科斂百姓。其刺史雖遇四節，不在貢奉」。〔註34〕後唐朝曾多次發生內部將領叛亂。在平叛戰爭中，戰場附近民眾的力役不輕。因此，平叛後，明宗常下詔宣佈減免當地百姓的賦稅負擔，一般是只收正稅，放免諸色差配。明宗對於徭役的執行也注意有節制，不興無益之工程，不逾期役使民夫。

遇自然災害，莊宗朝由於經濟得不到發展，朝廷沒有能力進行賑濟，只能坐視民眾流徙，不僅如此，有些地方甚至「關市之征，抽納繁碎」，〔註35〕更把流民逼上絕路。吸取莊宗的教訓，每遇地震、水旱等災害，明宗都遣使至災區慰撫，察問疾苦，祭祀山川，雖對災民未必有多少實質性的物質幫助，卻至少顯示了統治者對民瘼的關注，贏得民心。唐末五代時期，軍隊將士常有俘掠人口為奴為婢現象。明宗下詔，規定這些被掠人口，如有主人識認，必須釋放，不得羈留。對於害民的高利貸盤剝，明宗也頒佈過限制性法令。

3、重視發展經濟。明宗雖也曾動用民夫興建工程，但主要是水利工程，為經濟發展或民眾生活創造有利條件，為君主享樂服務的工程則未見記載。明宗雖居九五之尊，卻並未高枕無憂，農事常常縈繞在他心頭，那怕春雨稍多，也能令他憂慮，只怕是自己修德不足，未能廣敷恩宥而招致「天譴」，損害農事。史載長興二年（931）九月辛亥，明宗敕解縱五坊鷹隼，並禁內外無得更進。宰相馮道讚揚明宗「仁及禽獸」，明宗說：「不然。朕昔嘗從武皇（李克用）獵，時秋稼方熟，有獸逸入田中，遣騎取之，比及得獸，餘稼無幾。是以思之，獵有損無益，故不為耳。」〔註36〕一次，明宗於近郊觀稼，見民有父子三人同挽犁而耕。明宗憫之，賜耕牛三頭。以上史實說明了明宗對於農事、農民的重視。這與只圖自己畋獵樂趣而縱馬踐踏農田還要殺害諫阻縣令的莊宗相比，真有天壤之別！

4、節省財政開支。莊宗在位，豢養大量嬪妃、伶人、宦官，興無謂工程，耗費鉅額資財。明宗在位，多方面節省開支。如明宗初即位，即大量裁減為帝皇生活服務的各類勤雜人員：「量留後宮百人，宦官三十人，教坊百人，鷹坊二十人，御廚五十人，自餘任從所適。諸司使務有名無實者皆廢之。」〔註37〕天

〔註34〕《舊五代史》，第496頁。
〔註35〕《舊五代史》，第461頁。
〔註36〕《資治通鑑》，第9061～9062頁。
〔註37〕《資治通鑑》，第8983頁。

成四年（929）四月，因廣壽殿焚毀需重修，有司請以丹漆金碧飾之。明宗說：「此殿經焚，不可不修，但務宏壯，不勞華侈」，旨在節省錢財。〔註38〕又於緣邊置場買馬，減少對党項族「入貢」的支費。之前，党項族常以「貢馬」為名，直抵京師，「國家約其直酬之，加以館穀賜與，歲費五十餘萬緡」，給後唐財政造成很大壓力。明宗此舉，為的是節省財費。〔註39〕長興三年（933），明宗詔罷城南稻田務，以其所費多而所得少，同時還可復其水利，資於民間碾磑之用。

「明宗統治期間政治上的若干改革，帶來了社會秩序的好轉，為農業、手工業生產的發展創造了條件」。〔註40〕開源節流是發展經濟的基本前提條件，沒有這一條件，後唐明宗朝的「小康」之局是不可能營造的。

三、政治與生活作風的不同

1、莊宗拒諫飾非，明宗從善如流。古人云，兼聽則明，偏聽則暗。一個君主，受主觀客觀因素的影響，對問題的思考、處置難免有錯誤；欲少犯錯誤，少走彎路，君主就應該多聽大臣的意見，然後擇善而從。這是保持良好政治的一個重要條件。唐「貞觀之治」的形成，與唐太宗虛懷納諫、從善如流大有關係。而莊宗以紹繼唐朝統治自居，但在政治作風上，與唐太宗截然相反，拒諫飾非，一意孤行，因而在政治活動中一錯再錯。莊宗在位，許多錯誤決策都曾受到過正直大臣的批評、諫諍，但莊宗常常置若罔聞，我行我素，執迷不悟。例如，莊宗喜受伶人，先後任命伶人陳俊為景州刺史、儲德源為憲州刺史。郭崇韜進諫說：「陛下所與共取天下者，皆英豪忠勇之士。今大功始就，封賞未及一人，而先以伶人為刺史，恐失天下人心。」莊宗堅持自己的決定。結果，「親軍有從帝百戰未得刺史者，莫不憤歎」。〔註41〕溫韜盜掘唐帝陵殆遍，罪惡累累，臭名昭著，以行賄而得任節度使；羅貫為官清廉正直，因對權臣、伶人、宦官不阿諛逢迎，遭到他們的聯合構陷，莊宗要將羅貫處死，等等，這些錯誤，郭崇韜都曾諫諍，然而都不被接受。在戰爭年代對於莊宗開創霸業有著顯赫功勳且最受莊宗寵信的郭崇韜的進諫尚且一再被拒，其他普通大臣的批評、諫諍自然更難奏效。

〔註38〕《舊五代史》，第 549 頁。
〔註39〕《資治通鑑》，第 9029 頁。
〔註40〕《五代十國史研究》，第 7 頁。
〔註41〕《資治通鑑》，第 8920 頁。

　　明宗吸取了莊宗的教訓，頗具唐太宗善於納諫的良好作風。例如，晉陽相士周玄豹，曾預言明宗貴不可言。明宗即位後，欲召周玄豹詣闕，授予官職。大臣趙鳳進諫說：「玄豹言陛下當爲天子，今已驗矣，無所復詢。若置之京師，則輕躁狂險之人必輻輳其門，爭問吉凶。自古術士妄言，致人族滅者多矣，非所以靖國家也。」明宗接受了趙鳳的諫諍，「乃就除光祿致仕，厚賜金帛而已」，沒有給其授予實際官職。〔註42〕又如，曾有域外僧人入京，頗得明宗寵幸。朝中大臣、後宮嬪妃亦多有頂禮膜拜者。趙鳳認識到，君主如果寵幸僧侶，尊崇佛教，其後果嚴重，於國家於社會均無益，前朝多次「滅佛」均緣此故，對明宗進行諫諍，亦被明宗接受。

　　2、莊宗寵幸伶人、宦官，明宗信用碩儒端士。莊宗好俳優，又知音，能度曲，頗有藝術天賦。然而，作爲封建統治者，藝術天賦不僅無益於其政治，反而遺害無窮。俗語云，人以群分，物以類聚。由於好俳優、好聲色，在莊宗身邊，聚攏了一大批伶人、宦官。伶人、宦官由此秉政，對朝中政治有重要影響力，對朝中大臣握有生殺予奪之大權。莊宗朝許多錯誤，許多暴政，都是由伶人、宦官造成的。

　　吸取莊宗的教訓，明宗遠離伶人、宦官，而親近、信用碩儒端士，設端明殿學士，以爲政治顧問。據《五代會要》卷 13「端明殿學士」條記載：明宗即位之初，四方書奏，多令樞密使安重誨讀之。但安重誨文化水平不高，多不通文義。孔循於是獻議，仿唐朝侍讀之制，創「端明學士」之號，以儒士出身的翰林學士、戶部侍郎、知制誥馮道，翰林學士、中書舍人趙鳳等以本官充端明殿學士。端明殿學士以儒家政治理論學說影響明宗，對明宗施仁德之政大有幫助。馮道在明宗朝始終任相，對後唐政治改良有重要貢獻。趙鳳也是端明殿學士，對明宗施政也多有積極影響。明宗不僅以儒士輔助自己施政，還選儒臣教導皇儲、秦王李從榮，期望從榮受儒學政治思想影響，有益其日後繼位施政。

　　此外，莊宗貪財，對官吏的賄賂、「貢獻」，來者不拒，納入內庫，像個守財奴。史載莊宗滅後梁，後梁朝貪官污吏紛紛入朝賄賂莊宗以求保職，莊宗不僅接納，還讓皇弟、皇子拜他們爲「兄」，讓皇后拜他們爲「父」。爲了得到官吏輸送錢財，官吏在任貪黷可以不受處罰，將領叛變投敵可以得到饒

〔註42〕《資治通鑑》，第 9011～9012 頁。

恕，罪人可以任官。明宗則「性謹重廉儉」，〔註 43〕即位爲帝後，「去內庫而省庖膳，出宮人而減伶宦，輕寶玉之珍，卻鷹鸇之貢」；〔註 44〕又下令禁絕地方官非規定節日的「進獻」，對個別貪官實爲賄賂的「貢獻」予以斥逐。莊宗深迷畋獵，常常率領數以千、萬計的隨員軍士離京狩獵，長時間在外馳逐，摧殘民田，摔死、跌傷軍士無數，令沿途民眾雞犬不寧。明宗雖亦有畋獵活動，但極有節制，僅作爲保持尚武精神的一種手段，未造成消極影響。莊宗好色，令伶人宦官搜羅美女數千以充掖廷，靡費錢財無數。同光元年（923），荊南節度使高季興入朝，回歸後謂其將佐曰：後唐莊宗「荒於禽色，何能長久！吾無憂矣」。〔註 45〕高季興從莊宗「荒於禽色」中看出莊宗朝不可能長治久安，自己的割據統治可以高枕無憂。明宗即位，莊宗後宮存者猶有千餘人，宣徽使選其中美少者數百獻於明宗。明宗說：「奚用此爲！」「乃悉用老舊之人補之，其少年者皆出歸其親戚，無親戚者任其所適。蜀中所送宮人亦準此。」〔註 46〕莊宗生活奢侈，王夫之說莊宗「驕淫穢靡，無所汔止」，「存勗之以傾敗終也，決於此耳」。〔註 47〕而明宗卻生活較儉樸，前述大量裁減宮庭勤雜人員可見一斑，等等。

四、結　語

前車之覆，後車之鑒。明宗吸取了莊宗失政的歷史教訓，遠小人，親端士，斥貪官，任賢能，糾正了莊宗的許多過失，採取多項舉措化解統治集團內部矛盾及階級矛盾，使王朝之內人心較之前凝聚，社會較安定，雖時有動亂發生，但旋踵敗亡；雖自然災害不時有之，但得到朝廷的存問與救濟，未至造成民眾流離失所；北方強盛的契丹族的入寇，又由於邊防的鞏固而得到遏制，邊境寧靖；西邊瓜、沙等原失去之地也得以收復。明宗在位期間，「能力行於王化，政皆中道，時亦小康，近代已來，亦可宗也」。〔註 48〕清代史評家王夫之稱明宗李嗣源是「胡人之錚錚者」〔註 49〕。《遼史》卷 10《聖宗本紀》

〔註 43〕《資治通鑑》，第 8405 頁。
〔註 44〕《舊五代史》，第 563 頁。
〔註 45〕《資治通鑑》，第 8910 頁。
〔註 46〕《資治通鑑》，第 8978 頁。
〔註 47〕《讀通鑑論》卷 28。
〔註 48〕《舊五代史》，第 611 頁。
〔註 49〕《讀通鑑論》卷 29。

記載，遼聖宗曾說：「五百年來中國之英主，遠則唐太宗，次則後唐明宗，近則今宋太祖、太宗也。」給予後唐明宗很高的評價。

引用文獻

〔1〕司馬光，《資治通鑒》〔M〕，北京：中華書局，1956 年。

〔2〕歐陽修，《新五代史》〔M〕，北京：中華書局，1974 年。

〔3〕陶懋炳，《五代史略》〔M〕，北京：人民出版社，1985 年。

〔4〕薛居正，《舊五代史》〔M〕，北京：中華書局，1976 年。

〔5〕鄭學檬，《五代十國史研究》〔M〕，上海人民出版社，1991 年。

〔6〕王夫之，《讀通鑒論》〔M〕，北京：中華書局，1975 年。

三十四、試析五代晉王李存勗滅後梁的條件

摘　要

　　五代初期，經過 15 年的艱苦奮戰，晉王李存勗終於打敗了強大的後梁軍隊，推翻了後梁政權，於同光元年（923）建立了後唐王朝。晉王的取勝並非偶然。團結一切可以團結的力量以壯大自己；努力擺脫背腹受敵的不利態勢；嚴明的軍紀；身先士卒的模範作風；愛惜將領，招納賢才以及擁有一個鞏固的後方並贏得了民心等，是晉王取得軍事勝利的重要條件。

　　關鍵詞：晉王；李存勗；後梁

晉王李存勖，五代時期後唐王朝的創建者。在五代初期，他指揮蕃、漢千軍萬馬，先後消滅兼併了我國北方及中原地區大大小小眾多的軍閥，成為五代史上第一個入主中原的少數民族（沙陀族）出身的最高統治者。但是，由於李存勖在建國後未能治理好國家，致使國家很快出現動亂，他的統治也只維持了 3 年（923～926）就宣告結束。因此，史學界很少有研究者關注過李存勖這位英雄與昏君合為一體的歷史人物，還沒有文章分析過李存勖成敗的原因和教訓。筆者不揣淺陋，試圖通過對李存勖史迹進行較全面的考察，對其成敗因由作初步之探討，以資借鑒。限於篇幅，這裏只分析晉王李存勖以弱勝強、滅後梁而取得軍事成功的條件。

李存勖自幼長於軍旅之中，與戎馬為伍。唐乾寧二年（895），河東節度使李克用奉命討伐叛逆軍閥王行瑜，時年 11 歲的李克用之子李存勖從征，受到唐昭宗的嘉獎。

後梁開平二年（908），李克用病卒，李存勖繼承父位為晉王。這時，李存勖年僅 24 歲。李存勖嗣位後，所做第一件意義重大之事，就是在張承業等顧命大臣的協助下，當機立斷，平定了以其叔父李克寧為首的內部叛亂，鞏固了他作為晉軍統帥的地位。接著又指揮軍隊出其不意地打破後梁軍隊對潞州（今山西長治市）的圍困，顯示了他不凡的軍事才能。從此，李存勖指揮晉軍，與後梁、燕、北方強悍的契丹軍隊進行了長達 15 年的爭戰，曾給契丹軍隊以沉重的打擊，使其長久不敢南下；一舉滅掉了割據幽州（今北京）稱帝的劉仁恭父子；並於同光元年（923），攻陷後梁都城汴京（河南開封），推翻了後梁的統治。晉王李存勖在軍事上的勝利是艱難而又輝煌的。其成功的奧秘，筆者認為有以下幾個方面：

（一）團結一切可以團結的力量以壯大自己，削弱和孤立敵人

李存勖認識到自己的力量有限，要最終打敗強大的後梁軍隊，推翻朱氏政權，不能只依靠自己，必須團結一切可以團結的力量。因此，在統軍作戰之初，李存勖就與不肯臣服朱梁政權的鳳翔李茂貞、邠州楊崇本、西川王建等藩鎮力量聯合起來，給後梁造成了很大的軍事壓力。同時，對於在汴（後梁）、晉之間叛服無常的燕王劉仁恭、趙王王鎔也極力爭取。例如，開平四年，後梁因趙王王鎔遊移不定於汴、晉之間，對其施加軍事壓力。王鎔被迫遣使向晉求救。就是否出兵救趙問題，晉諸將都認為，王鎔久臣於朱溫，歲輸重賂，又結以婚姻，交結牢固，認為王鎔的請兵一定是詐謀，因此，反對出兵

救援。李存勗卻認爲，處亂世之中，各人無非是爲自己的利益考慮，「今救死不贍，何顧婚姻」！基於以上認識，李存勗的意見是：「我若疑而不救，正墮朱氏計中。宜趣（急）發兵赴之，晉、趙叶力，破梁必矣」。於是，李存勗親自率兵自贊皇（今河北贊皇縣）東下，與晉將周德威軍會合，與後梁軍隊展開了柏鄉（河北柏鄉縣）之戰，結果大獲全勝。〔註1〕這一戰河朔大震，嚴重挫損了後梁的軍威，激勵了晉軍的士氣，也充分顯示了晉王李存勗的遠見卓識及其指揮作戰的將帥之才。而更重要的是，這一戰將王鎔解救出重圍，此後，晉、趙結成軍事聯盟，勢力更大，滅後梁之戰獲勝的把握也更大了。

不僅如此，李存勗還爭取了北邊眾多少數民族軍隊的援助。例如，在柏鄉之戰中，晉將李嗣源率親軍與史建瑭、安金全「兼北部吐渾諸軍沖陣夾攻，（後）梁軍大敗」；〔註2〕取得後梁魏州（河北冀縣）時，晉王李存勗在魏州郊外舉行了大規模的閱兵儀式，河東、魏博等十鎮之師，「及奚、室韋、吐渾之眾十餘萬，部陣嚴肅，旌甲照耀，師旅之盛，近世爲最」；〔註3〕晉軍決定對後梁發動總決戰時，「麟、勝、雲、蔚、新、武等州諸部落奚、契丹、室韋、吐谷渾，皆以兵會之」。〔註4〕

此外，晉王還遣使如吳，會兵以擊後梁。吳以行軍副使徐知訓爲淮北行營都招討使，與吳將朱瑾等將兵趨宋、亳，與晉相應，既渡淮，移檄州縣，進圍潁州，使後梁顧此失彼，力量分散。〔註5〕

（二）努力擺脫背腹受敵的不利態勢

晉軍的主要作戰目標是滅後梁；對於毗鄰的燕、背後的契丹，能爭取則努力爭取；不能爭取或危及自身安全時，則堅決打擊，甚至將其消滅，以解除後顧之憂。

燕爲晉的東鄰。割據幽州的劉仁恭、劉守光父子擁有雄厚的軍事力量，有稱王稱帝之野心，在汴、晉爭戰中搖擺不定，企圖坐視汴、晉相爭，以從中漁利。劉氏勢力的存在，既使晉軍得到援助，又是晉軍爭戰事業的一大隱患，使晉軍無法集中兵力投入到滅後梁的戰爭中去。李克用臨死時遺命李存

〔註1〕　《資治通鑑》卷 267，《後梁紀二》。
〔註2〕　《舊五代史》卷 27。
〔註3〕　《舊五代史》卷 28。
〔註4〕　《資治通鑑》卷 270。
〔註5〕　《資治通鑑》卷 269。

勗：「汝不先下幽州，河南未可圖也」。〔註6〕911年，晉在與後梁的戰爭中取得優勢，「燕王劉守光聞晉攻（後）梁深入，乃大治兵，聲言助晉，（晉）王患之，乃旋師」。〔註7〕李存勗看出了劉守光要乘虛而入的野心，不得不停止與後梁的爭戰，放棄了滅後梁的有利時機。現實使李存勗認識到，不滅燕，晉對後梁的戰爭不可能取得勝利。於是，912年正月，李存勗遣大將周德威與王鎔合兵，共攻劉守光，終於攻破幽州，擒斬了劉仁恭、劉守光父子。滅燕，解除了晉的一大心腹之患。

契丹自耶律阿保機任部落聯盟首領以後，統一北方，又北侵室韋、女眞，西取突厥故地，滅奚，「東北諸夷皆畏服之」。由於契丹軍力強盛，前晉王李克用曾企圖借助契丹的力量與朱溫逐鹿中原，與阿保機相會，約爲兄弟。李存勗繼承了其父這一策略，「晉王方經營河北，欲結契丹爲援，常以叔父事阿保機，以叔母事述律后」。〔註8〕契丹軍隊在助晉攻梁戰爭中，的確曾起過積極作用；但契丹的軍事行動爲的是自己的切身利益，在汴強晉弱的形勢下，常常站到後梁一方，成爲其盟軍，對晉軍構成了嚴重的威脅。在晉軍南下與後梁軍作戰之際，契丹軍隊往往乘虛南下，令晉軍背腹受敵，不能悉力南攻。

對於契丹的騷擾，李存勗毅然決定給予其迎頭痛擊。後梁龍德元年（921），契丹傾兵南下。李存勗率軍迎戰，在新城（河北新城縣）敗其前鋒；在望郡敗其主力。「會大雪彌旬，平地數尺，契丹人馬無食，死者相屬於道」。〔註9〕晉軍的勝利，顯示了晉軍的實力及其將士的英勇，令契丹軍心有餘悸，此後很長時間不敢深入晉境。

（三）軍紀嚴明

嚴明的軍紀是軍隊戰勝攻取的必備條件之一。早在十一、二歲時，李存勗隨父在軍，見父王統領的軍隊多有不法行爲，或凌侮官吏，豪奪士民，或白晝剽掠，酒博喧競，而父王又多姑息縱容，就心懷不平，規勸父王要整軍。及代父爲晉王，作了晉軍的最高統帥後，他對軍隊的要求就更嚴了，《舊五代史》卷34注引《五代史補》曰：「莊宗（李存勗）之嗣位也，志在渡河，但恨河東地狹兵少，思欲百練其眾，以取必勝於天下，乃下令曰：『凡出師，騎

〔註6〕《五代史闕文》，轉引自《資治通鑒》卷266，胡三省註。
〔註7〕《新五代史》卷5，《唐本紀第五》。
〔註8〕《資治通鑒》卷269。
〔註9〕《資治通鑒》卷271。

軍不見賊不許騎馬，或步騎前後已定，不得越軍分以避險惡。其分路並進，期會有處，不得違晷刻。並在路敢言病者，皆斬之……。晉王所定軍紀雖未免苛刻，但卻收到了良好的效果：「故三軍懼法而戮力，皆一以當百，故朱梁舉天下而不能御，卒為所滅」。

五代時期，眾多軍閥對牙兵（親兵）都採取姑息政策，原因是牙兵兇悍，又處肘腋之下，稍不如意即會嘩變，可以置換將帥或置將帥於死地。李存勖對親兵也律之甚嚴。他嚴令親兵：「自今有朋黨流言及暴掠百姓者，殺無赦！」〔註10〕以後，這支親軍在滅後梁的戰爭中發揮了重大的作用。

受晉王李存勖的影響，晉軍其他將領也嚴格要求自己管轄指揮的軍隊。如李存進受任為天雄都巡按使，「有訛言搖眾及強取一錢已（以）上者，存進皆梟首磔屍於市。旬日，城中肅然，無敢喧嘩者」。〔註11〕

（四）晉王作戰英勇、身先士卒的模範作風，激勵晉軍浴血奮戰，提高了晉軍的戰鬥力

李存勖作戰之英勇，在五代史上罕有倫比，遠近聞名。其中原因，依筆者之見，首先是因為他出身於沙陀部族，自小隨父王李克用馳騁於疆場，目睹身歷了數十百次的戰爭，培養了他勇悍剛毅的氣質；其次是因為他年少繼承父位為晉王，威望未著，恐眾將內心不服，因此，想要穩坐晉王之位，想要進一步開拓江山，就必須在眾將中樹立起崇高的威望，就必須以勇悍去博取輝煌的戰功。

史籍中眾多的例子反映了晉王李存勖的勇悍。如《新五代史》卷5載，晉軍攻楊劉（山東東阿縣東北古黃河南岸）城時，李存勖「自負芻以堙塹，遂破之」；《資治通鑑》卷267載，在柏鄉之戰中，面對氣勢洶洶的後梁軍，李存勖對大將周德威說：「兩軍已合，勢不可離，我之興亡，在此一舉。我為公先登，公可繼之。」結果一戰而勝。李存勖常常親自率領將士衝鋒陷陣，曾多次陷入危境，幾致不測，正如史書所云：「晉王好自引輕騎迫敵營挑戰，危窘者數四」。部下曾多次規勸他，說他肩負的責任重大，關係著中興大業，關係著黎元之命，豈可「自輕」如此？李存勖卻不以為然，說：「定天下者，非百戰何由得之！安可深居帷房以自肥乎！」918年初，面對勢如破竹的晉軍，後梁軍隊招架不住，只得決黃河水，彌浸數里，以限晉兵。李存勖「自泛舟測河水，其深沒槍。（晉）

〔註10〕《資治通鑑》卷269。
〔註11〕《資治通鑑》卷269。

王謂諸將曰：『梁軍非有戰意，但欲阻水以老我師，當涉水攻之』。甲子，王引親軍先涉，諸軍隨之，襄甲橫槍，結陣而進」，衝破了後梁軍設置的障礙。結果，「（後）梁軍大敗，死傷不可勝紀，河水爲之赤」。同年冬，在後梁與晉兩軍進行的胡柳陂戰役中，後梁將領賀環引兵佔據陂中土山。「晉王謂將士曰：『今日得此山者勝，吾與汝曹奪之』。即引騎兵先登，李從珂與銀槍大將王建及以步卒繼之，梁兵紛紛而下，遂奪其山」。〔註12〕

當晉軍節節勝利，後梁敗亡在即之時，後梁大臣敬翔規勸後梁末帝不可依然深居宮中，把國家命運全然寄託於一二將帥，應向晉王學習；他說：「臣聞李亞子（李存勗）繼位以來，於今十年，攻城野戰，無不親當矢石，近者攻楊劉，身負束薪爲士卒先，一鼓拔之」。〔註13〕但後梁末帝置若罔聞，只好坐以待斃。

（五）愛惜將領，招納賢才

在戰爭年代，將領是寶貴人才。李存勗對於忠肝義膽、驍勇善戰的將領很是珍惜。例如，裴約只是晉潞州的一員牙將。晉將李繼韜以澤州（山西晉城縣）、潞州叛附後梁時，裴約不從，表示要以死爲晉守城。李存勗當時正與後梁軍激烈爭戰，難以分兵，但感於裴約的忠義，還是毅然分出5000騎兵前往救援，並表示：「吾不惜澤州與梁，一州易得，（裴）約難得也」。〔註14〕另一個例子是李存勗對後梁將領王彥章的爭取。史載王彥章「爲人驍勇有力，能跣足履棘行百步。持一鐵槍，騎而馳突，奮疾如飛，而他人莫能舉也，軍中號『王鐵槍』」。李存勗很欣賞王彥章，全心全意要爭取他。晉軍擄獲王彥章妻子歸太原後，「賜以第宅，供給甚備」，並遣使招誘王彥章。儘管王彥章輕視李存勗，蔑視他爲「鬥雞小兒」，儘管王彥章將晉派去的使者都殺掉，但李存勗還是「必欲招致之，待其妻子愈厚」。最後，晉軍打敗後梁軍，擒王彥章。但王彥章對後梁忠心耿耿，以死殉國，令李存勗白費了一番苦心。

在戰爭年代，李存勗與晉軍各將領同心戮力搏殺於戰場上，關係非常融洽。史書記載：「晉王與諸將同甘共苦，凡食，召諸將侍食」。中門使郭崇韜見侍食將領過多，曾「請省其數」，結果惹惱了晉王。〔註15〕

〔註12〕《資治通鑑》卷270。
〔註13〕《資治通鑑》卷270。
〔註14〕《新五代史》卷32，《死節傳第二十・王彥章傳》。
〔註15〕《資治通鑑》卷270，胡三省註。

李存勗不僅重視武將，而且也珍惜文士。他在晉陽根據地曾「命州縣舉賢才」。〔註 16〕對人才的使用不求全責備。如盧質有文才，但嗜酒輕狂，「自莊宗（李存勗）及諸公子多見侮慢」。監軍張承業擔心盧質總有一天會闖禍，先試探李存勗，說：「盧質嗜酒無禮，臣請為王誅之」。李存勗說：「吾方招納賢才以就功業，公何言之過也！」張承業聽了很是高興，說：「王能如此，天下不足平也！」〔註 17〕

在戰爭中，每失去一員重要的將領或賢臣，李存勗都表現出極大的悲傷之情。正是對文臣武將的愛惜，李存勗麾下才團聚了一大批勇將悍卒和賢良之才。這是晉軍戰鬥力旺盛，事業興旺發達的一個重要原因。

（六）擁有一個鞏固的後方並贏得了民心

鞏固的後方來自李存勗的改革和委任得人。李存勗一方面統率千軍萬馬在前線作戰，另一方面在後方進行了有效的改革。在晉陽根本之地，他「下令於國中，禁賊盜，恤孤寡，徵隱逸，止貪暴，峻堤防，寬獄訟，期月之間，其俗丕（大）變」。〔註 18〕受晉王李存勗委託負責後方及後勤工作的張承業，對於晉後方的建設及穩定作出了重要的貢獻，他盡心不懈，「凡所以畜積金粟，收市兵馬，勸課農桑，而成莊宗之業者，承業之功為多」。〔註 19〕

後方重要，民心亦重要。歷史上有所作為的統治者無不重視民心的向背。《舊五代史》卷 27 載：李存勗每次出征，「於路遇饑寒者，必駐馬而臨問之，由是人情大悅，王霸之業，自茲而基矣」。李存勗得魏州，也很重視爭取魏州的民心。後梁貞明元年（915），後梁將領張彥在魏州發動叛亂，投靠晉王。李存勗瞭解到張彥的「凶狡之狀」，決定殺張彥以爭取民心。他在誅殺張彥時說：「汝陵脅主帥，殘虐百姓，數日中迎馬訴冤者百餘輩。我今舉兵而來，以安百姓，非貪人土地。汝雖有功於我，不得不誅以謝魏人」。誅殺了張彥等叛酋，至少可收一舉兩得之效：既可贏得魏人之心，又可免去容納「凶狡」的叛酋日後養虎自噬之患。事後，魏人「眾皆拜伏，呼萬歲」，連改編為晉王親軍的原魏州牙軍也「眾心由是大服」。〔註 20〕

〔註 16〕《資治通鑑》卷 266，《後梁紀一》。
〔註 17〕《新五代史》卷 38，《張承業傳》。
〔註 18〕《舊五代史》卷 27，《莊宗紀第一》。
〔註 19〕《新五代史》卷 38，《張承業傳》。
〔註 20〕《資治通鑑》卷 269。

　　李存勗自繼父位爲晉王，統兵 15 年，身經數十百戰，是五代史上傑出的將帥、沙陀部族的英雄。唐末五代梟雄朱溫在當年就慨歎「生子當如李亞子（李存勗）」。封建史家也對晉王李存勗評價很高，認爲李克用在唐末五代初期在朱梁軍事打擊下一蹶不振，「若非嗣子之英才，豈有興王之茂業」。〔註21〕就是當代偉大的革命家、軍事家毛澤東，對李存勗也是讚賞有加，稱李存勗是「識時務之俊傑」。〔註22〕

參考文獻

〔1〕司馬光，《資治通鑒》〔M〕，中華書局，1956。

〔2〕薛居正等，《舊五代史》〔M〕，中華書局，1976。

〔3〕歐陽修·《新五代史》〔M〕，中華書局，1974。

〔4〕張貽玖，《毛澤東讀史》〔M〕，中國友誼出版公司，1991。

〔註21〕《舊五代史》卷 26，《史臣曰》。

〔註22〕張貽玖，《毛澤東讀史》，第 137 頁。

三十五、五代吳越國王錢鏐略論

摘　要

　　五代時期，錢鏐由一介平民而晉身為吳越國王。他的成功絕非偶然，一是他善於爭取將士的支持及激勵士氣；二是他善於爭取民眾，並且重視興修水利，發展經濟；三是他禮賢下士，「忠君」睦鄰。錢鏐勵精圖治，終於使吳越國得以在亂世之中長久偏安一隅。錢鏐對屬下較寬容，而對親人近侍卻較嚴格，自身又簡樸而勤勉，與同時期其他軍閥、君王作風迥然有別。

　　關鍵詞：五代　吳越國王　錢鏐

　　唐朝末年是一個藩鎮割據、農民起義、大小軍閥乘機崛起的時代。在這樣的歷史背景下，錢鏐由一個普通平民通過戰爭，成為一方節帥。五代初期，錢鏐受封為吳越王。受封為王後，其治國強兵，為偏安杭、越一隅的吳越國的建立奠定了堅實基礎。那麼，錢鏐何以成功？他在用兵、治國及為人方面有何獨到之處？本文對此略加闡述，以期還原一個真實的錢鏐。

一

　　錢鏐，杭州臨安人，生於唐末亂世，自小就受時代的影響，有從戎為將之志。史載，錢鏐於唐大中六年（852 年）二月生於臨水里，「里中有大木，鏐幼時與群兒戲木下，鏐坐大石指麾群兒為隊伍，號令頗有法，群兒皆憚之」。〔註 1〕從這裏可以看出，錢鏐從小就有過人的才能和為將的天賦。

　　唐乾符二年（875 年），浙西鎮遏使王郢作亂，荼毒一方，石鏡鎮（今浙江臨安縣南）將董昌招募鄉兵討賊。錢鏐因為「善射與槊，驍勇絕倫」，受董昌器重，表為偏將，在平定王郢叛亂中立下首功。唐乾符六年（879 年），黃巢農民軍 20 萬掃蕩東南地區，兵鋒將及石鏡鎮。錢鏐率勁卒 20 餘人伏草莽中，擊潰農民軍先鋒部隊，受到都統高駢的讚賞。唐廣明元年（880 年），為應付日益嚴峻的混亂局勢，杭州始建八都，各都聚數千人以衛鄉里。其中，臨安一都以董昌為首，錢鏐為副。其後，董昌升任杭州刺史，乃團練八都兵，以錢鏐統之，實行統一指揮，改變了過去杭州八都各自為戰、力量分散薄弱的情況。

　　為了鞏固自己的地位，維護自己的利益，作為杭州刺史的董昌，首先要掃蕩敵對勢力，廓清境內。而在當時，同為朝廷命官的浙東觀察使劉漢宏與董昌有隙，調兵遣將以圖浙西，企圖將全浙據為自己的勢力範圍。因此，董昌與劉漢宏的爭戰在所難免。經過 3 年多的爭戰，劉漢宏被打敗。在這場戰爭中，作為八都兵軍事總指揮的錢鏐功不可沒。在作戰中，錢鏐對部將約束甚嚴，軍紀嚴明，八都兵作戰力大增。因而戰後錢鏐不僅威名遠揚，而且頗得人心，「越人諸將皆推鏐為主，鏐謙讓（董）昌，昌遂權蒞於越，杭人復請鏐代董氏」。〔註 2〕可見錢鏐在將領、民眾中的支持率已超過董昌。這為日後錢鏐、董昌反目埋下了伏筆。

〔註 1〕　《新五代史》卷 67。
〔註 2〕　《十國春秋》卷 77。

唐景福二年（893年）九月，唐授錢鏐鎮海軍節度使、潤州刺史。唐乾寧二年（895年）二月，錢鏐又被晉封爲開國公。錢鏐的不斷高升引起了昔日上司董昌的不滿。爲了擺脫唐朝中央的控制，成爲割據一方之主，也爲了將有超越自己之勢、甚至危及自己利益的昔日下屬錢鏐重新置於自己的支配之下，時爲威勝軍節度使的董昌赫然起兵反唐，隨後稱帝，國號「大越羅平」，改元順天。錢鏐及時向朝廷稟報了董昌反狀，然後奉命討伐董昌。儘管董昌勾結淮南弘農王楊行密爲援，無奈得道多助，失道寡助，董昌部下紛紛叛降，而錢鏐部隊則越戰越勇。從乾寧二年（895年）六月錢鏐起師討伐董昌，至次年五月攻破越州（今浙江紹興）執殺董昌，僅一年多時間，錢鏐就平息了叛亂。因此他被朝廷封爲鎮海、鎮東（由原威勝軍改）等軍節度使，勢力遍及兩浙地區。唐乾寧五年（898年），唐授錢鏐爲檢校太師，賜號「定亂安國功臣」，使錢鏐成爲事實上的吳越之主。

錢鏐之所以能獲得軍事上的成功絕非偶然，他過人的軍事才能是重要原因之一。錢鏐的軍事才能主要體現在：

（一）善於利用甚至製造種種「神異」故事以激勵士氣。針對時人（尤其是將士）對天、神的迷信，錢鏐善於利用作戰中的一些偶然性事件，將其解釋爲天意、天助、神助，以此激勵士氣。唐中和二年（882年）七月，錢鏐統八都兵討伐劉漢宏軍，「會夜分，星月皎然，兵不可渡，鏐掬江沙，吞而祝曰：『吾以義兵討賊，願（天）助陰雲蔽月，以濟我師。』傾之，雲霧晦暝，即渡江，竊取軍號，斫其營」。這裏，錢鏐將自然現象解釋爲「天助」，極大地增強了士兵的信心，鼓舞了士氣，因而贏得了戰爭的勝利。又如，唐乾寧四年（897年）八月，錢鏐向朝廷請封胥江惠應侯爲吳安王，理由是：「先是，安仁義將沿江入寇，一夕驚濤，沙路盡毀。王（錢鏐）感其神異，請而封之。」史籍中有關錢鏐的此類故事還有很多。錢鏐利用此類故事神化自己，無疑可以使自己獲得更多將士和民眾的支持，同時激勵將士的鬥志。

（二）善於在道義上佔據制高點，爭取人心。錢鏐深明「得道多助，失道寡助」的道理。唐乾寧二年（895）二月，董昌在誅殺異己之後稱帝，並欲以兩浙都指揮使之銜爲餌誘降錢鏐。然而錢鏐始終站在道義的一方。他一再規勸董昌不果後，遂起師伐昌，將兵三萬進迫越州城下。此時，錢鏐從道義出發再次規勸董昌：「大王位兼將相，奈何捨安就危！鏐將兵此來，以俟大王

改過耳。縱大王不自惜，鄉里士民何罪，隨大王族滅乎！」〔註3〕這在揭露董昌不忠不義的同時，也充分表明了自己在爲鄉民、將士考慮和擔心，表明了自己的道義。也正因爲佔據了道義上的制高點，錢鏐才能贏得廣大將士、民眾的擁戴。

（三）獎忠義而抑「強梁」。唐末戰亂中，大小將領常常從個人利益出發，見機行事，有利可圖便投靠、歸順之，否則便離棄之。錢鏐所部亦難免會出現此類事件。由於內部叛亂往往比外敵進攻更具威脅性，因此，錢鏐以獎忠義、抑「強梁」的方式，激勵將士忠心耿耿，爲其效勞賣命。錢鏐對待將領杜建徽可謂一典型例子。杜建徽累從錢鏐征伐，所至輒立功，在軍中有「虎子」之稱。唐天復三年（903 年），睦州刺史陳詢反叛。陳詢與杜建徽是兒女姻親，錢鏐因而猜疑杜建徽也會伺機叛亂，密令愛將馬綽監視之。後來陳詢一親吏來奔錢鏐，帶來杜建徽致陳詢的書信，信皆責以大義，毫無逆辭。錢鏐遂明杜建徽忠心，宿疑頓解。爲此，錢鏐嘉賞杜建徽，賜錢一百萬緡。杜建徽弟杜建思，與兄不睦，密告杜建徽私蓄兵仗，陰謀作反，企圖借刀殺兄。錢鏐急命親校檢索之，才知子虛烏有，「以是益加親重」杜建徽，不僅職遷浙東營田副使、常州刺史、行軍司馬，還「爲構第城南，親與規畫」。錢鏐建立吳越國後，即以杜建徽爲左丞相。其後，杜建徽兄弟子孫朱紫盈門，這與錢鏐對其忠義的嘉獎是分不開的。〔註4〕此外，因爲忠義而受到錢鏐表彰、嘉獎、追贈的將領還有鮑君福、屠環智、黃晟、吳公約、朱行先等等。相反，對於那些「強梁」者錢鏐毫不姑息。沈行思曾有功於錢鏐，但居功自傲，頗有牧守之望，未能如願，即懷恨殺害同職陳環，又欲刺殺有功而得錢鏐寵遇的盛師友，之後被錢鏐擒獲。錢鏐對沈行思說：「吾早以汝強梁，故不欲任汝。繼念閉城功，將牧以他郡。今所爲若此，疇（誰）能容之。」遂命斬於龍丘山。此外，有功卻「強梁」的沈夏也同樣遭到錢鏐的厭惡、排斥。〔註5〕

二

錢鏐於唐乾寧三年（896 年）擊敗董昌，盡有兩浙十三州之地；後梁開平元年（907 年），錢鏐被封爲吳越王；後唐同光元年（923 年），錢鏐稱帝。古

〔註3〕《資治通鑑》卷 260。
〔註4〕《十國春秋》卷 84。
〔註5〕《十國春秋》卷 85。

今史家從各自的立場、標準出發，分別有將以上幾個年代作爲吳越建國之伊始。即使以錢鏐稱帝之年（923 年）算起，至後唐長興三年（932 年）錢鏐病逝，錢鏐在吳越國王之位上計有 10 年。錢鏐治國值得稱道之處主要有以下幾點：

（一）爭取民眾。與五代時期許多軍閥無視民眾不同，即使在戰爭頻繁的年代，錢鏐也不忘爭取民眾的支持。董昌叛亂平息後，錢鏐下令「開倉廩以賑貧乏」；唐乾寧五年（898 年）九月，婺州刺史王壇遣將攻東陽，錢鏐「以息民故，命使諭之」。正因爲爭取了民眾，因而錢鏐獲得了民眾的支持。打敗董昌後，錢鏐欲兼有杭、越二州。朝廷擔心錢鏐權重難制，欲遣宰相王溥出鎮越州。錢鏐「復諷兩浙吏民上表，請以己兼領浙東」。在民眾的壓力下，錢鏐遂得償其願。〔註6〕

（二）興修水利，發展經濟。兼有兩浙、戰事漸平之後，錢鏐即把興修水利、發展經濟提上議事日程。吳越天寶三年（910 年）八月，「始築捍海石塘，塘外植滉柱十餘行，以折水勢」，事成，「潮爲頓斂。遂定其基，以鐵絙貫幢籰，用石磓之，而塘成」。又置龍山、浙江兩閘以遏江潮入河。這些水利建設，對於防禦海潮侵襲、改良沿海地區土壤、保護農作物、確保農作物豐收具有重要意義。吳越天寶八年（915 年）十一月，錢鏐又「置都水營使以主水事，募卒爲都，號曰『撩淺軍』，亦謂之『撩清』，命於太湖旁置『撩清卒』四部，凡七八千人，常爲田事，治河築堤，一路徑下吳淞江，一路自急水港下澱山湖入海，居民旱則運水種田，澇則引水出田。又開東府（越州）南湖（即鑒湖），立法甚備」。多項水利工程的興修爲兩浙農業經濟的發展創造了良好的條件，使兩浙農業生產得到較大的恢復和發展，所謂「錢塘富庶由是盛於東南」。〔註7〕

（三）尚賢禮士。在五代時期各政權統治者中，錢鏐對人才的重視是有名的。有謂「王（錢鏐）負知人之鑒，尊賢下士，惟日不足。名其居曰『握髮殿』，取周公吐餔握髮之事」。據史書記載，爲了從自北方流移而來的人士中挑選賢能之士，錢鏐曾派遣數十名畫工居於淞江，稱爲「攀手校尉」，職責是「伺北方流移來者，咸寫貌以聞，擇清俊者用之」。以相貌選人當然欠缺科學依據，但於此可見錢鏐求賢若渴之心。另外，在用人施政中，一些幕府賓

〔註 6〕《十國春秋》卷 77。
〔註 7〕《十國春秋》卷 78。

客讒言敢諫，得罪了錢鏐，錢鏐也能「怡然不怒」，〔註 8〕可見他的氣度及對人才的寬容。錢鏐通過各種途徑招納的賢能之士對吳越國的政治、經濟、文化建設各項事業作出了很大貢獻。

（四）積極推行「忠君」、睦鄰政策，努力營造穩定的社會局面。錢鏐明瞭地狹民寡的吳越要在強鄰環峙的險惡環境中自存而不被兼併，必須要得到中原王朝的支持和庇護，因此，錢鏐時刻對中原王朝（包括唐朝及五代）表示「忠心」。五代時，當陸路交通被阻斷後，錢鏐就改由海道出登州、萊州，抵大梁（今河南開封）上貢。錢鏐的殷勤「貢奉」除了政治目的外，同時還有經濟目的，即通過「貢奉」的名義與中原地區進行貿易。後梁貞明二年（916年），錢鏐遣浙西安撫判官皮光業入貢。後梁統治者「嘉吳越王鏐貢獻之勤」，要加封錢鏐為諸道兵馬元帥，「朝議多言鏐之入貢，利於市易，不宜過以名器假之」。〔註 9〕但在中原王朝力量被削弱、藩鎮割據的歷史背景下，中原政權統治者正需要以這種「奉貢職」以維持名義上的藩屬政治關係。因此，吳越國的殷勤「貢奉」既達到了政治目的又加強了吳越與中原地區的經濟交流。

在睦鄰關係上，吳越與吳（後稱南唐）因為毗鄰，相互之間為了爭奪地盤，曾多次發生戰爭。至吳越天寶十二年（919年）八月，疲於戰爭的雙方都有息兵媾和願望，首先是吳方遣返戰俘，並遣使通好。然後，錢鏐也盡棄前嫌，以積極態度回應，「息民故也」，為的是讓民眾得以休養生息。雙方「自是休兵二十餘年」。〔註 10〕在此之前，吳越天寶九年（916年）十二月，錢鏐「命子、牙內先鋒都指揮使（錢）傳珦逆婦於閩，自是與閩通好」；吳越天寶十三年（920年）十一月，錢鏐「遣使為其子（錢）傳璛求昏（婚）於楚，楚王（馬）殷許之」。吳越與南漢雖不毗鄰，但也注重和睦關係的構建。後梁曾以南漢「僭號」，下詔吳越王錢鏐出師伐之。錢鏐「雖受命，而（以）山川隔越，請以事寢」。〔註 11〕吳越國不僅與毗鄰的閩、楚、吳等國建立了和睦關係，還與遠隔千里之外的契丹甚至高麗均建立了友好的外交關係。當然，錢鏐遠交契丹的主要目的是一旦吳越與中原王朝關係緊張，便可利用契丹牽制中原王朝。總之，錢鏐的「忠君」及睦鄰政策，減少了與鄰國的摩擦、鬥爭，維護了國內社會秩序的和平穩定，為自身生存發展創造了良好的條件。

〔註 8〕《舊五代史》卷 133。
〔註 9〕《資治通鑑》卷 269。
〔註 10〕《十國春秋》卷 78。
〔註 11〕《十國春秋》卷 78。

三

　　錢鏐爲人寬宏大量，善於接納不同意見，這對攻城作戰具有重要意義。例如，董昌據越州叛亂時，錢鏐發兵討之，逾年未下。時蘇州被淮南兵攻陷。錢鏐急令顧全武軍趨西陵，以備淮南得寸進尺。顧全武沒有奉命。他對錢鏐曰：「越州，賊之根本，奈何垂克而棄之？請先取越，後復姑蘇爲便。」錢鏐接受了這一合理建議。後果然滅董昌，復蘇州。又如，錢鏐武勇都軍將士因故嘩變。錢鏐令顧全武率師防備東府（越州）。顧全武見識深遠，說：「東府不足慮，可慮者淮南耳。（徐）綰急，必召淮兵至，患不細矣。楊公（行密）大丈夫，今以難告，必閔我。」建議錢鏐以子爲質，取信於吳，與淮南楊行密搞好關係，以防叛軍勾結淮南。錢鏐欣然接受此議。其後之事果如顧全武所料。因此史家認爲：「是時微（假如不是）全武力爲聯姻楊氏，杭越幾殆。」〔註12〕

　　在對人寬容、知人善用的同時，錢鏐對自己的親人、嬖幸卻極爲嚴格。徐綰、許再思叛亂時，引淮南將田頵爲援。後因錢鏐外交成功，楊行密召回田頵。田頵撤兵之際，向錢鏐索要 20 萬緡「犒軍錢」之外，還提出以錢鏐之子爲質，將妻以女，以作修好條件的請求。爲與「兵強財富，好攻取」的田頵修好，以保吳越平安，錢鏐在諸子中物色，欲遣幼子傳球爲質。傳球不從，「鏐怒，將殺之。」次子傳瓘請行，被其母吳夫人阻止，不願「置兒虎口」。但傳瓘說：「紓國家之難，安敢愛身！」這正合錢鏐意，錢鏐遂「泣送之」。而傳球則因「愛身」而被奪內牙兵印。〔註13〕錢鏐寵姬鄭氏，其父犯法當誅，左右爲之請。但錢鏐考慮到，爲親情破例，必然損害其所定法制之尊嚴，於是不顧情面而斬鄭氏之父。〔註14〕

　　此外，錢鏐還是一個非常勤勉的人。這是其事業成功的另一個重要原因。史載，「鏐自少在軍中，夜未嘗寐，倦極則就圓木小枕，或枕大鈴，寐熟輒欹而寤，名曰『警枕』。置粉盤于臥內，有所記則書盤中，比老不倦。或寢方酣，外有白事者，令侍女振紙即寤」。〔註15〕

　　但史書對錢鏐也有一些很負面的記載。如《舊五代史》卷 133 云：「鏐在

〔註12〕《十國春秋》卷 84。
〔註13〕《資治通鑒》卷 263。
〔註14〕《資治通鑒》卷 270。
〔註15〕《資治通鑒》卷 270。

杭州垂四十年，窮奢極貴。」歐陽修《新五代史》卷 67 亦云：「自（錢）鏐世常重斂其民以事奢僭，下至雞魚卵鷇（雛鳥），必家至而日取。每笞一人以責其負，則諸案史（吏）各持其簿列于廷，凡一簿所負，唱其多少，量爲笞數，以次唱而笞之，少者猶積數十，多者至笞百餘，人尤不勝其苦。」又說，「考錢氏之始終，非有德澤施其一方，百年之際，虐用其人甚矣」。在此，錢鏐被描述爲施苛政、生活奢侈糜爛的昏君。關於錢鏐的負面記載，多出自「正統」思想濃厚的士大夫之筆。在這些士大夫看來，錢鏐表面尊奉中原王朝，實質卻是割據一方的「僭僞」之輩，絕不可肯定頌揚，因此，難免有所歪曲。《資治通鑒》在有關錢鏐事迹的記載中，並沒有採用這些負面材料，而且在「考異」中說明了理由：「錢鏐起於貧賤，知民疾苦，必不至窮極侈靡，其奢汰暴斂之事蓋其子孫所爲也。」〔註16〕筆者認爲，這一觀點是有一定道理的。

引用文獻

〔1〕〔宋〕歐陽修，《新五代史》〔M〕，中華書局，1974 年。

〔2〕〔清〕吳任臣，《十國春秋》〔M〕，中華書局，1983 年。

〔3〕〔宋〕司馬光，《資治通鑒》〔M〕，中華書局，1956 年。

〔4〕〔宋〕薛居正等，《舊五代史》〔M〕，中華書局，1976 年。

〔註16〕《資治通鑒》卷 272。

三十六、五代時期割據政權中道士受寵現象探因

摘　要

　　五代時期，在中原地區，道教、道士備受冷落；然而，在周邊各割據政權中，道教卻得到扶持、發展，道士備受禮敬，以致被尊爲國師，被統治者視爲神聖。道士在五代割據政權中受寵，其原因，一是割據者需要利用道士製造讖語、神話，以神化自身，增強號召力和凝聚力；二是一些道士齋醮或預言的「應驗」，增加了自身的神秘感，使愚昧的統治者確信依靠道士可以求得神靈的保祐和庇護；三是某些道士富有政治眼光和才幹，因而成爲割據者倚賴的肱股大臣；四是割據統治者多幻想借助道士所煉丹藥或獲得秘訣而延年益壽，長生久視；五是割據之主期望借助名道振興道教，爲其割據統治服務。

　　關鍵詞：道士；割據政權；統治者

　　五代時期，中原地區戰爭連綿，朝代更替頻繁，道教、佛教都不受統治者重視，甚至遭到壓抑，處於衰落蕭條狀態；然而，在周邊地區的一些割據政權中，道士卻常常得到統治者的禮遇，甚至奉爲君王之師，成爲無冕之王，對這些割據政權的政治、歷史造成很大的影響。割據政權的統治者爲什麼要推崇道教，禮遇道士？道士爲什麼能登上歷史舞臺，成爲臺上的重要角色？找尋這些問題的答案，對於我們瞭解社會歷史和道教發展史，都有重要意義。

　　翻閱五代時期十國（包括那些曇花一現而沒有歸入「十國」範圍的短暫割據政權）的歷史，我們發現，在南方的南漢、楚、閩、吳越、南唐；北方的北漢等割據政權中，道士都在政治歷史舞臺上扮演了重要的角色。探究其「登臺表演」的原因，歸納而言，筆者認爲主要有以下幾個方面：

一、割據者需要利用道士製造讖語、神話，以神化自身，增強號召力和凝聚力

　　在古代中國社會，神的信仰具有廣泛的群眾基礎，儒學鼓吹的「天人感應」、「王權神授」深入人心。因此，歷代統治者在奪取政權和鞏固政權過程中，無不製造種種「神授」、「神助」的宗教神話，以迷惑民眾，爭取支持。受此影響，一些企圖分裂、割據的軍閥、大臣，也千方百計製造類似的宗教神話。此類現象在五代這樣一個天下四分五裂的戰亂、動盪的歷史時期，更是司空見慣，事例在史籍中俯拾皆是。而道教是有神（神仙）論宗教，道士被認爲是人與神溝通的媒介，道士說的話就是神的旨意，神的決定，因而利用道士製造此類宗教神話，其效果最佳。於是，許多道士成了這時期別有政治野心的軍閥的密友、座上賓。

　　在今福建建立割據政權——閩國的王審知，爲了爭取閩人的信賴和支持，除了在政治上採取了一系列安邦利民的措施外，同時也利用道教（士）製造有關自己的宗教神話，以迷惑大臣和民眾。王審知宣稱，梁朝時有一位道士姓王名霸，這就是王氏家族的遠祖。王霸「居於福州之怡山時，愛二皂莢樹，因其下築壇，爲朝禮之所，其後丹成沖虛而去。（王）霸嘗云：『吾之子孫，當有王於此方者。』乃自爲讖，藏之於地。唐光啓中，爛柯道士徐景雲，因於壇東北隅取土，獲其詞，曰：『樹枯不用伐，壇壞不須結。不滿一千年，自有系孫列。』又曰：『後來是三王，潮水蕩禍殃。嚴逢二乍間，未免有銷亡。子孫依吾道，代代封閩疆。』」〔註 1〕王審知是光州固始（今屬河南）

人。唐末，從其兄王潮起兵入據福建。王潮死後，他繼任威武軍節度使，盡有今福建之地。後梁開平三年（909）被封爲閩王。作爲一外地人入主閩地，王審知憂慮得不到閩人的支持、歸附。於是，顯然是與道士串通，製造並傳播這樣一個帶有神秘性的故事，一來要說明王氏的祖先就是本地人；二來要說明王氏「王於此方」、「代代封閩疆」，是千百年以前就由神決定了的，讖言就是神對後人的「啓示」。利用道士製造這樣的宗教神話，旨在爲王氏統治者增添一道神聖的靈光，爲其政治服務。

與閩國毗鄰的吳越國（據有今浙江、江蘇南部）的建立者錢鏐，同樣也利用道士製造宗教神話。錢鏐，杭州臨安人，生於普通民家，少年時曾是「無賴」，不事生產，以販鹽爲盜，很爲鄉里人不齒。後乘亂起兵，逐漸成爲一方軍閥。爲凝聚人心，錢鏐同樣要神化自己，以證明自己是上天派到人間來的「非常人」。《十國春秋》卷 77《武肅王世家上》記載了兩則與道士有關的神話。一則說：「先是邑中旱，縣令命道士東方生起龍以祈雨，（東方）生曰：『茅山前池中有龍起，必大異』。（縣）令乃止。明年復旱，（東方）生乃遽指（錢）鏐所居曰：『池龍已生此家』。時（錢）鏐實誕數日矣」。另一則說，錢鏐「稍長，遊徑山，有道人洪湮者，每僻地相迎，不期而遇。（錢）鏐問故，（洪）湮曰：『君非常人，故預知耳。』」這些記載，不太可能是歷史事實；而很大的可能則是錢鏐擁有一定勢力以後，爲更有利於爭取民眾支持而與道士合謀虛構而傳揚開去的。

二、一些道士齋醮或預言的「應驗」，增加了自身的神秘感，使愚昧的統治者確信依靠道士可以求得神靈的保祐和庇護

道士舉行的齋醮祈禳活動，或對未來預測所說的預言，其成敗概率理論上說各占 50%；然而，人們對其「敗」並不過分計較，而對其「成」卻十分重視，稱作「應（靈）驗」。正如北宋文人、史家歐陽修所言：「術者之言，不中者多，而中者少，而人特喜道其中者」〔註2〕。偶爾的一兩次「應驗」就可爲道士頭上添上神聖靈光，並爲愚昧的統治者寵信。

錢鏐在軍事活動中，每遇挫折艱難，便或占筮問神，或請道士齋醮祈禳。天復元年（901）十月，淮南李神福將兵寇吳越國衣錦城（錢鏐故鄉）。錢鏐命愛將顧全武率師抵禦，不料中敵埋伏，顧全武兵敗被俘。失去顧全武，錢

〔註 2〕《新五代史》卷 67，《吳越世家第七》。

鏐心急如焚。在彷徨無奈之際，錢鏐請道士閭丘方遠齋醮祈禳，求神靈保祐顧全武及其軍隊。史載：「時，王（錢鏐）以衣錦城被寇，命玄同先生閭丘方遠，建下元金籙醮於龍瑞宮。其夕大雪，惟醮壇之上星斗燦然，殿宇無所沾灑。又有鑒湖宿釣者，聞車馬之聲甚眾。復有一黑虎，蹲於宮門外，醮罷乃去。」〔註3〕從史料所述看，齋醮似乎真的感動了上天，並派出了天兵神將；再結合史實看，次年四月，顧全武被淮南送返，這本是偶然巧合，但在錢鏐看來，這是齋醮的「應驗」。故錢鏐十分寵信閭丘方遠，使他成為吳越國的道教領袖。

在閩國，宗室王鏻（原名延鈞）發動兵變，殺兄王延翰自立。由於王位來得名不正言不順，王鏻很擔心自己的王位不保，於是幻想借助神靈的力量庇護自己。史謂：王鏻在位，「好鬼神、道家（教）之說，道士陳守元以左道見信，建寶皇宮以居之。」所謂「左道」，是說道士陳守元弄虛作假，使王鏻相信其預言、祈禳的「靈驗」，因而極為寵信，執迷不悟，相信陳守元真能通神，可借神的力量維護其統治。陳守元對王鏻說：「寶皇命王少避其位，後當為六十年天子。」王鏻便欣然遜位，命其子繼鵬權主府事。既而復位，遣陳守元問寶皇：「六十年後將安歸？」陳守元傳寶皇語曰：「六十年後，當為大羅僊人。」王鏻乃即皇帝位，受冊於寶皇，國號「閩」。〔註4〕王鏻子繼鵬繼位後，改名昶，與其父一樣，依然迷信道士。史載：「（王）昶亦好巫，拜道士譚紫霄為正一先生，又拜陳守元為天師，而妖人林興以巫見幸，事無大小，（林）興輒以寶皇語命之而後行。陳守元教（王）昶起三清臺三層，以黃金數千斤鑄寶皇及元始天尊、太上老君像，日焚龍腦、薰陸諸香數斤，作樂於臺下，晝夜聲不輟，云如此可求大還丹。」〔註5〕王昶尊道士，起祭壇，鑄神像，勞民傷財，與其父一樣，都是深信通過道士可以求得天神保祐，王位可高枕無憂！

三、某些道士富有政治眼光和才幹，因而成為割據者倚賴的肱股大臣

道士之中，素質參差，人品不一。有以「左道」見幸者，如上述閩國道士陳守元、譚紫霄；但也有憑真才實幹而受青睞器重者。北漢道士郭無為成

〔註3〕《吳越備史》卷1，《太祖紀六》。
〔註4〕《新五代史》卷68，《閩世家第八》。
〔註5〕《新五代史》卷68，《閩世家第八》。

爲丞相，即是其中之一。北漢在劉承鈞秉政時，以道士郭無爲參議國政。據記載，郭無爲，棣州（今山東惠民縣）人，「方穎鳥喙，好學多聞，善談辯」，曾出家居武當山爲道士。後漢朝，大將郭威奉命討伐反叛的李守貞於河中時，郭無爲詣軍門拜見郭威。郭威「詢以當世之務」，大奇之，對郭無爲的才識十分讚賞。但後來，郭無爲察覺到郭威廣納人才，似有不忠不義之志，便對郭威規勸道：「公爲（後）漢大臣，握重兵居外，而延縱橫之士，非所以防微慮遠之道也。」郭威政治野心不改，沒有接納郭無爲的規勸。郭無爲於是離開郭威，隱居於抱腹山（故又號「抱腹山人」）。後郭威果然憑藉實力和威望篡奪了後漢劉氏政權，建立後周王朝。劉氏殘餘勢力則退居太原，建立北漢割據政權。北漢內樞密使段常認識郭無爲，知道他有政治才幹，遂向劉承鈞薦舉。劉承鈞「以諫議大夫召之，遂以爲相」。劉承鈞病危時，「召無爲，執手以後事付之」。〔註6〕

四、割據統治者多幻想借助道士所煉丹藥或獲得秘訣而延年益壽，長生久視

這是歷代統治者推崇道教，禮敬道士其中一個重要的原因。唐代統治者崇奉道教，除了企圖通過尊道教所奉始祖李耳爲祖先而神化自身外，另有重要原因，即幻想通過道士獲得長生成仙的秘訣或「靈丹」。儘管有多位唐帝因服食道士所煉「丹藥」而殞命，但五代時期一些割據者仍執迷不悟，重蹈故轍。一度割據幽州（今北京）建立燕政權（沒有列入「十國」之中）的劉仁恭就是這方面的典型。

劉仁恭乘亂崛起草澤，成爲一方軍閥後，便志得意驕，祈求長生不死以長享榮華富貴。據載，「是時，天子播遷，中原多故，（劉）仁恭嘯傲薊門，志意盈滿，師道士王若訥，祈長生羽化之道。」幽州之西有名山曰大安山，劉仁恭在山上盛飾館宇，僭擬宮掖，聚豔婦美女，窮極侈麗，「又招聚緇黃（道士），合仙丹，講求法要」。〔註7〕

吳越國王錢鏐禮重道士，也有求長生的意蘊。如，道士韓必、吳嵩，「兩人偕隱於洛塢，日以煉丹爲事」。錢鏐遣羅隱召之，兩人隱入石壁中。〔註8〕道士錢朗，洪州人，隱居廬山。據說錢朗「得補腦還化之術」，活了170多歲，

〔註6〕 《新五代史》卷70，《東漢世家第十》。
〔註7〕 《舊五代史》卷135，《劉守光傳》。
〔註8〕 《十國春秋》卷89，《韓必、吳嵩傳》。

「時（錢）朗曾玄孫數輩，皆以明經官邑令，皤然皓首，拜於階下，而朗貌若童子，人咸異之」。正因爲錢朗道士善於養生，故「武蕭王（錢鏐）延至西府，以師禮事之」，〔註9〕錢鏐後來活至81歲，這在歷代封建帝王中很罕見，在「人生七十古來稀」的古代社會也屬不易，也許他眞的從道士那裏得到了長壽的秘訣！

五、割據之主期望借助名道振興道教，爲其割據統治服務

道教在其發展過程中，始終以儒家倡揚的封建倫理道德作爲本教的信條，並且將其作爲修道的重要內容，反覆強調忠、孝、仁、信。因此，道教與儒學一樣，都可以成爲維護封建統治的有效工具。歷代統治者重視道教，這是其中一個重要原因。五代時期，一些割據統治者也認識到應利用道教維護其局部封建統治。而要振興道教，必須依靠眞才實學的道士，通過他們整理道教典籍，著書立說，傳播教義，才能收到成效。這是名道受割據統治者青睞的主要原因。前蜀王建禮重杜光庭、吳越國錢鏐尊崇閭丘方遠，都是這方面的典型。

杜光庭（850～933），處州縉雲（今屬浙江）人，一作長安（今西安）人。原爲儒生，唐末應九經舉不第，入天台山修道。當時，唐都長安有潘尊師者，道術甚高，爲唐僖宗所敬重。杜光庭因仰慕而拜其爲師。僖宗幸蜀時，見蜀中道門衰落，希望得到名道以主張之，重振道教。潘尊師於是向僖宗推薦杜光庭。杜光庭於中和元年（881）隨僖宗入蜀，遂留成都。後王建據蜀，建前蜀國。杜光庭因人品、才學俱佳而受王建禮重，被委任爲金紫光祿大夫、左諫議大夫，封蔡國公，號「廣成先生」，被尊爲「天師」，主掌蜀國道教，成爲一方道教領袖。王衍繼位，也對杜光庭尊崇備至，受道籙於苑中，以爲傳眞天師、崇眞館大學士。杜光庭在蜀國，對道教教義、齋醮科儀、修道方術等方面作了系統的整理和闡發，對後世道教影響很大。〔註10〕吳越國的道教領袖閭丘方遠（？～902）也是一位有學術貢獻的高道。他曾拜多位名道爲師：「師香林左元澤、廬山陳元悟，傳法籙於天台葉藏質，皆曉暢大義，甚得眞傳。」閭丘方遠既精黃老之學，又通儒術，博學多識，曾詮注《太平經》十三篇行世，對道教思想的傳播有貢獻。他多次婉拒唐朝廷的徵召，遍遊名山，至餘杭天柱山，異而止焉。錢鏐「厚加禮遇」，並「奏請賜紫，重建太極宮居

〔註9〕《十國春秋》卷89，《錢朗傳》。
〔註10〕鍾肇鵬主編《道教小辭典》，「杜光庭」條。

之，賜號『洞元先生』」。〔註11〕

　　道士，原以遠離政治，隱遁山水，專志修練，追求沖虛爲本色；然而，五代時期，在各割據政權中，不少道士因上述原因得到一方統治者的寵幸，甚至成爲一國之相。以「出世」爲追求目標的宗教徒成爲「入世」的政治歷史舞臺上的重要角色，這種「反常」現象折射出了當時由於戰亂，許多有眞才實學，有見識有能力者不能仕進，不得已而投身宗教以求慰藉的社會現實；同時也暴露了這些割據統治者的自私，愚昧、無能的本質。無論是利用道士製造宗教神話，祈福禳災，倚爲肱股，還是利用名道振興道教，一切都是爲其政治服務，「實用性」十分鮮明，與宗教信仰毫不相干。既登上了政治歷史舞臺，道士難免對君王、對政治有所影響，甚至出現道士干政的現象。五代時期割據政權中道士干政，特點及影響如何，也是一個値得思考、探究的問題。限於論題，此不贅論。

〔註11〕《十國春秋》卷89，《閭丘方遠傳》。

三十七、南漢國主劉龑簡論

　　劉龑（又名劉巖、劉陟、劉龑），五代時期南漢國的建立者。後梁貞明三年（917），劉龑以廣州為興王府，即皇帝位，國號大越，改元曰乾亨。「立三廟，置百官」，[註1] 建立了割據嶺南的封建政權，轄屬四十七州，領有今廣東、廣西之地。次年，劉龑以漢代劉氏後裔自居，改國號曰「漢」，史稱南漢。南漢自 917 年立國，至 971 年為北宋所滅，歷四主，統治嶺南五十多年。其中，劉龑在位 25 年，是南漢四主中在位時間最長，也是四主中較有作為，對戰亂時代嶺南的安定和建設貢獻較大的國主。劉龑是借助其父兄的勳業而在嶺南發迹的。劉龑的父親是劉謙，兄為劉隱。唐末，劉謙曾任廣州牙將、封州（廣東封開縣）刺史，「有兵萬人，艦百餘艘」。劉謙死後，長子劉隱襲父職；以後，以軍功歷任封州行軍司馬、節度副使、節度使。後梁開平元年（907），劉隱受後梁冊命，襲原職，兼靜海軍節度使、安南都護，兼中書令，受封為南平王（後改南海王）。史載：劉氏「父子起封州，遭世多故，數有功於嶺南，遂有南海」。劉隱死後，後梁末年，「悉以（劉）隱官爵授龑，襲封南海王」。[註2]

　　劉龑雖憑藉父兄功業起身，但比其父兄更富有軍事才幹。劉隱任封州節度副使時，節度使徐彥若「委以軍政」。當時，嶺南的局勢，對比中原局勢而言，雖然比較平靜，但處於四分五裂之中。其中，曲顥據交州（越南河內），劉士政據桂州（廣西桂林市），葉廣略據邕州（廣西南寧市），龐巨昭據容州

〔註 1〕《新五代史》卷 65，《南漢世家第五》。
〔註 2〕《新五代史》卷 65，《南漢世家第五》。

（廣西容縣），盧光稠據虔州（江西贛州市），盧光睦據潮州（廣東潮安縣），盧延昌據韶州（廣東韶關市），還有高州刺史劉昌魯，新州（廣東新興縣）刺史劉潛，名爲朝廷刺史，實際上也是地方割據者。這些人，乘中原戰亂，皇權衰弱，從唐的統治中游離出來，佔據一方，各自爲政。劉隱要恢復和維持嶺南局部的統一和穩定局面，要在嶺南建立起權威，必須首先威服或征服這些小割據者。但劉隱在這方面的努力沒有取得成功。他初攻韶州，即以失敗告終。劉龑爲兄出謀劃策，顯示出他軍事上的遠見卓識。劉隱於是「盡以兵事付龑」。劉龑不負兄之所望，「悉平諸寨」。削平這些割據勢力後，劉龑委派代表到這些州邑去作刺史。

正是在武力統一的基礎上，再利用了中原紛亂這一有利的客觀形勢，劉龑才得以建國稱帝。劉龑建國後，採取了一些鞏固政權，維護統一，發展地方經濟和文化的措施。

首先是爭取士大夫的秉力支持，為南漢國家的建設創造了條件

唐朝末年，四海鼎沸。相對而言，嶺南卻是一塊平靜的「樂土」。從中原南遷避難的士大夫爲數不少；原在嶺南做官的，也都在此落戶。這些士大夫對劉氏是否支持，對南漢的立國和穩定，是起著舉足輕重的作用的。劉龑很清楚這一點。因此，他繼承了其兄禮賢下士的作風。據史籍記載，當時客居嶺表或土著的士大夫，著名的有王定保、倪曙、劉濬、李衡、周傑、楊洞潛、趙光裔等。這些士大夫在劉隱作鎮嶺南時，曾得到劉隱的「招禮」，「皆辟置幕府，待以賓客」。他們爲劉隱在嶺南擴展勢力、鞏固地位作出了貢獻。劉龑兄終弟及，在嶺南建國後，將這些士人安置在國家的重要職位上。不僅如此，劉龑還注意解決一些士人的後顧之憂，使他們眞心實意，腳踏實地地爲南漢政權服務。如趙光裔，原是中原大族，唐末滯留嶺南，雖被委以高官，但「恥事僞國，常怏怏思歸」。劉龑知情，即令人模仿趙光裔手迹，遣使賷書至洛陽，召其二子並其家屬皆至嶺南，使趙光裔「驚喜，爲盡心焉」。推誠相待，換取了士人的秉力支持。《新五代史》載，南漢建國後，「爲國制度，略有次序，皆用此數人焉」。〔註3〕趙光裔在南漢爲相二十餘年，使南漢「府庫充實，政事清明，輯睦四鄰，邊境無恐」。〔註4〕

在地方，劉龑接受兵部侍郎楊洞潛的建議，一改唐末以來以武人爲刺史

〔註3〕《新五代史》卷65，《南漢世家第五》。
〔註4〕《十國春秋》卷62，《南漢五·趙光裔傳》。

的流弊，主要任用士人為州刺史，「稗宣政教」，使「民受其福」，〔註5〕這一做法，使南漢地方吏治比較澄清。在史籍中，我們可以看到一些南漢地方官施行惠政的記載。如禎州（廣東惠州市）刺史簡文會「盡心民事」；〔註6〕潯州（廣西桂平縣）刺史劉博古「有惠政，民多愛之」；郴州（湖南郴縣）刺史陸光圖「至郴，周恤窮民，招輯兵士，民皆呼為『陸父』」。〔註7〕相反，州縣官吏貪濁殘暴的記錄卻不多見。當然，這並不能說明南漢地方上真的沒有貪官污吏，但這至少可以說明，南漢的地方吏治，總的來說，比以武人為刺史的中原王朝或其他割據政權要好。文士為官，縱或貪濁，其危害性總不如武人作官，愚魯不馴，性貪行暴，動輒興兵作亂，荼毒一方。南漢統治嶺南半個世紀，歷四主，除劉龔外，其餘三主都屬荒淫暴戾，政治腐敗。為什麼南漢不致出現重大動亂，為什麼南漢能苟延殘喘？這大約與劉龔用文人治州縣，手無兵柄，吏治較清；中央雖亂，地方不亂，嶺南人民還能勉強維持生計有關。

另外，在拓展南漢疆域方面，劉龔也得到士人的大力協助。例如，劉龔興師平定鎮南（廣東羅定縣）叛亂，擊敗馬楚對嶺南西道的爭奪，累戰俱捷，盡有五管之地，就是因為得到兵部侍郎楊洞潛的協力襄助。

其次，推行睦鄰的外交政策，維持了嶺南的安定局面

南漢與楚、南唐和閩相鄰。這幾個國家，對南漢的治亂安危有重要影響。劉龔通過通婚、遣使聘問等途徑，與諸鄰國建立睦鄰關係。劉隱在位時，為睦鄰，曾求楚王女為婚，是為馬皇后。劉龔建國後，馬皇后已死。當時，楚國勢力較強，與南漢爭奪嶺南西道發生摩擦，兩國友好關係陷入僵局。南漢兵部尚書趙光裔意識到楚國對南漢的潛在威脅，對劉龔說，「自馬后崩，未曾通使於楚。親鄰舊好，不可忘也」。劉龔根據趙光裔的推薦，委派「有使臣才」的諫議大夫李紓出使楚國，重修舊好。楚國也遣使報聘。兩國握手言和。〔註8〕南漢與吳（南唐）、閩也是使者往來頻繁，關係十分友好，極少發生爭戰；與蜀和雲南驃信（唐時的南詔）等政權也有「遠交」關係。史家對南漢的外交政策很讚賞，說南漢「睦鄰封，續舊姻，寧邊鄙，弭敵兵」；「行

〔註5〕 《十國春秋》卷62，《南漢五・楊洞潛傳》。
〔註6〕 《十國春秋》卷64，《南漢七・簡文會傳》。
〔註7〕 《十國春秋》卷64，《南漢七・劉博古傳》；卷65《南漢八・陸光圖傳》。
〔註8〕 《十國春秋》卷63，《南漢六・李紓傳》。

李往來，常勤聘問，區區嶺外，晏然小安」。〔註9〕劉龑「講信修睦，以通鄰好」的外交政策，維護了嶺南的安定局面，使嶺南人民得以休養生息。

第三，積極扶助國內和海外的經濟貿易

從唐朝中後期始，嶺南地區的經濟已有長足的發展，成為一個極富特色的經濟區，號稱「富饒之地」，是唐朝國家財政的重要來源之地。唐末戰亂，黃巢義軍雖曾進軍嶺南，但對嶺南經濟並未造成嚴重破壞。經濟的發達，促進經貿的繁榮；加之劉龑出自富商之家，具有重商思想，富有從商經驗。因此，在他統治時期，鼓勵發展經濟貿易。當時，「嶺北商賈至南海者」，他「多召之」，〔註10〕還「與嶺北諸藩歲時交聘」。〔註11〕這除了推行睦鄰政策這一政治因素外，藉此進行經濟貿易，互通有無，也是一個不容忽視的因素。尤其是西通黔蜀，其經濟意義應是占主要地位的。南漢的經貿活動，最令人矚目的，還是在於對外貿易方面。廣州地處南海，以其優越的地理環境，很早就成為中國對外貿易的一個重要中心。五代時期，雖中國（中原）戰亂，經濟殘破，對外貿易已大大萎縮，但廣州在南漢統治下，對外貿易規模雖不及盛唐之時，卻也持續不衰。這與劉龑在位時，著意招徠海商，「籠海商得法」有密切關係。外貿的結果，使南漢獲得豐厚的利益，「內足自富，外足抗中國（中原王朝）」，〔註12〕號稱「富強」。〔註13〕劉龑重視商業，扶持經貿，主觀上純粹是為了滿足南漢統治者奢侈腐化的生活需要，但在客觀上，卻促進了嶺南經濟的發展和繁榮。

第四，接受楊洞潛的建議，興學校，倡教育，置選部，行貢舉

貞明四年（918），即南漢建立次年，就舉行科舉考試，錄取進士、明經十餘人。以後，科舉取士「歲以為常」。劉龑重視文教，重用士人，刺激了嶺南文化事業的發展。南漢朝在音樂、曆法、詩賦等文化領域，都有一些建樹。如陳用拙，自少學習禮樂，「尤精音律」，著有《大唐正聲琴籍》十卷，其中載錄了琴家對操名的論述，以及古帝王名士善琴者事迹；又以古調缺徵音，補新徵音譜若干卷。周傑精於曆算，鑒於傳統《大衍曆》數有差，因敷衍其

〔註9〕 《十國春秋》卷63，《南漢六·李紓傳》及「論曰」。
〔註10〕 《十國春秋》卷58，《南漢一》。
〔註11〕 《舊五代史》卷135，《劉龑傳》。
〔註12〕 《續資治通鑒長編拾補》卷5。
〔註13〕 《文獻通考》卷24，《國力考二》。

法，著《極衍》二十四篇。黃損曾與都官員外郎鄭谷、僧人齊己定近體詩諸格，爲湖海騷人所宗。〔註14〕

以上所述，是劉龑建立南漢，統治嶺南期間，對歷史所作的貢獻。但是，劉龑作爲一個封建帝王，與其他封建帝王一樣，也存在著不少的缺點和錯誤。最明顯的，一是苛酷：「爲刀鋸、支解、剮剔之刑，每視殺人，則不勝其喜，不覺朵頤，垂涎呀呷」，充分暴露了其統治階級的殘忍本性；二是奢侈：「悉聚南海珍寶，以爲玉堂珠殿」，〔註15〕造成勞民傷財；三是開啓了宦官專權之門。唐末，宦官蠹國害民，爲禍甚烈。劉龑未能吸取近在眼前的歷史教訓，在晚年疏遠士人，「專任宦官，由是其國中宦者大盛」。〔註16〕另外，劉龑爲了南漢統治能夠長治久安，寄希望於取得一個吉祥的國號、年號和名字，頻繁地去舊換新；又寄希望於酷刑震懾，這種緣木求魚的思想和行動，說明了劉龑一個封建統治者的愚昧。

總而言之，劉龑建立南漢，治理嶺南，對於維護嶺南的安定局面，發展經濟和文化事業，還是有較大貢獻的。沈起煒先生著《五代史話》，認爲南漢的統治並沒有什麼興革：「這個從統治階級上層產生的地方勢力，完全照老規矩辦事，根本想不到有興革的必要」。其實，南漢統治者（包括劉龑）勵精求治的精神及革故鼎新的作風，誠然不如後周的郭威、柴榮，但劉龑辦學校，設貢舉，這在戰亂後的嶺南，應該說是「興」；他「多延中國（中原）士人置於幕府，出爲刺史」，創造了嶺南「刺史無武人」〔註17〕的文治局面，這對於唐末五代以來多以武人爲刺史的狀況，則是一「革」。正如鄭學檬先生所言：「這是一個打破武人任刺史的局面的例子，雖然還不能改變當時武人因軍功而升刺史、刺史多武人的現象，但已是一個突破」。〔註18〕對任何一個歷史人物，都應一分爲二地看待。只有既看到其對歷史的貢獻，又看到其局限性，我們對這個歷史人物的認識才算是正確的，對他的評價才算是中肯的。

劉龑死後，子孫繼位，無論是威望還是治國本領，都不及劉龑。這一點，劉龑生前已有明察。臨終時，他對顧命大臣說：「奈何吾子孫不肖，後世如鼠

〔註14〕《十國春秋》卷62，《南漢五》。

〔註15〕《新五代史》卷65，《劉龑傳》。

〔註16〕《資治通鑒》卷283，《後晉紀四》，第9236頁。

〔註17〕《資治通鑒》卷268，《後梁紀三》，第8742頁。

〔註18〕《五代十國史研究》，上海人民出版社1991年4月版，第55頁。

入牛角，勢當漸小爾！」〔註 19〕表明了他對南漢國前景的憂慮。事實正如劉龑所預料的，在劉龑之後，南漢雖然維持了近三十年的統治，但幾個統治者素質都極低劣，在政治上不僅無可稱譽的建樹，而且奢侈腐化，寵用宦官，濫施酷刑，國政日壞。因此，可以說，劉龑之死，是南漢歷史的一個轉捩點。此後不久，爆發了張遇賢領導的農民起義，「由是山海間盜賊競起」，「嶺東皆亂」；〔註20〕同時，統治集團內部爭權奪利的鬥爭也更趨激烈。南漢國勢日衰，已成為一個空架子。北宋建立後，只派潘美一軍南征，即勢如破竹，輕而易舉地滅亡了腐敗透頂的南漢割據王朝。

〔註19〕 《新五代史》卷 65，《南漢世家第五》。
〔註20〕 《新五代史》卷 65，《南漢世家第五》。

三十八、略論南漢四主

　　唐、宋之際，在藩鎮割據，天下動亂的歷史背景下，劉氏在山高皇帝遠的嶺南地區建立起一個割據政權——南漢。南漢的歷史自劉龑後梁貞明三年（917）在廣州稱帝，至 971 年為北宋所滅，共歷四主，55 年。南漢四主各有「特色」。瞭解南漢四主的這些「特色」，可以讓我們管中窺豹，明瞭封建時代統治階級的自私、殘酷、愚昧、荒淫、奢侈等劣根性。

一、變化巨大的高祖劉龑

　　劉龑自乾亨元年（917）八月於番禺（今廣州）稱帝，建立南漢國，至大有十五年（942）三月病死，在位 25 年。

　　劉龑作皇帝，最大的特點是前後變得判若兩人。前期，他堪稱勵精圖治之君，突出表現在他對士人的優禮和重用上。唐朝末年，中原已經天下大亂，許多士人見嶺南距中原遙遠，有五嶺阻隔，戰火燃燒不到，局勢較穩定，可以作為避亂之地，便紛紛越嶺而來；另外，唐代不少到嶺南做官的士大夫因北方戰亂無法回歸，也只得滯留南方。劉龑建國前夕及建國初期，對這些士人十分敬重，使他們成為南漢國的頂梁柱。例如，趙光裔為兵部尚書，楊洞潛為兵部侍郎，李殷衡為禮部侍郎，倪曙為工部侍郎等等。劉龑不僅把有知識有文化有統治經驗的士人安置在中央政府機構中，而且對他們提出的合理建議十分重視，及時採納推行，使南漢國在政治、經濟、教育、外交、軍事等方面都很有建樹。在政治方面，國家統治的各項必備的制度已初步建立，並改變了唐朝中後期以武人為地方官（刺史）的做法，改用士人任刺史，使南漢國與毗鄰的楚國及閩國相比，內戰少，地方吏治較好；經濟方面，一些士人對嶺南經濟的恢復發展有突出的貢獻，如趙光裔任宰相 20 餘年，使南

漢「府庫充實」；教育方面，接受楊洞潛的建議，立學校，置選部，行貢舉，擴大了南漢國的統治基礎；外交方面，劉龑接受士人的建議，與周圍鄰國建立了睦鄰關係，減少了自身的壓力，如後梁曾令吳越出兵攻南漢，由於與南漢建立了友好關係，吳越國按兵不動；在軍事上，在士人的積極策劃下，南漢國疆土開拓，國防鞏固。總之，在士人的襄理之下，南漢國一度呈現出小康之局，正如《十國春秋》卷 63 所言：南漢「睦鄰封，續舊姻，寧邊鄙，弭敵兵」，「行李往來，常勤聘問，區區嶺外，晏然小安」。

但到了末期，劉龑彷彿搖身一變，變成了一個昏君暴君。他不再信任和重用士人，認為士人內心裏都是為了自己的子孫後代著想，而不會真心為他的劉家天下效勞，於是疏遠了士人，而重用起不學無術又卑賤的宦官，對士人的合理建議只當耳邊風。如宰相楊洞潛見秦王弘度招募市井無賴子弟千人為宿衛，進諫，希望作為國家接班人的秦王要接近「端士」，不可昵近「小人」，但劉龑置之不理。後來楊洞潛見衛士光天白日之下擄掠商人金帛，形同流氓土匪，而商人不敢投訴，歎氣道：「政亂如此，安用宰相！」於是辭官歸第，從此隱遁〔註1〕。劉龑不僅不再信用士人，而且奢侈、殘酷成性。他動用民工興建宮殿，都要用珍珠玉石來鑲嵌裝飾，稱作「玉堂珠殿」；〔註2〕甚至將金、銀、珠、玉當作建築材料來使用，如營建昭陽殿，「殿用金為仰陽，銀為地面，簷楹榱桷皆傅（附）白金，殿下設水渠，浸以真（珍）珠。又琢水精（晶）琥珀為日月，列於東西玉柱之首」。〔註3〕有嶺北行商到來，他都請他們觀賞，誇其壯麗。劉龑還大言不慚地說，在奢侈方面，隋煬帝也比不上他，他堪稱「風流天子」了。為了防止臣下反叛，劉龑又用刑殘酷，果於殺戮，設湯鑊鐵床諸具，有灌鼻、割舌、支解、剖剔、炮炙、熟蒸之法；有時候則聚集毒蛇於池中，把「罪人」投入池中讓毒蛇咬死，稱作「水獄」；有時候則將「罪人」投入開水鑊中，半死之後再置於烈日下曝曬，再在身上塗鹽潑醋，直到折磨至死方止；甚至「錘鋸互作，血肉交飛，冤痛之聲充沸庭廡」，〔註4〕劉龑不僅在政治、生活作風上變化巨大，而且在其他方面也特別喜歡變，如名字就先後用過巖、陟、龑、龔等字；年號也用過乾亨、白龍，大有幾個。劉龑變化如此之大，原因何在？筆者認為，其原因之一是，劉龑出身微賤（妾

〔註1〕 《資治通鑒》卷 279。
〔註2〕 《舊五代史》卷 135，僭偽列傳第二，劉陟傳。
〔註3〕 《十國春秋》卷 58。
〔註4〕 《十國春秋》卷 58。

氏所生），乘中原離亂而割據嶺南，屬「僭偽」行為，有違封建道德規範，知道身邊的一群深受封建道德觀念薰陶的士大夫不會真心和長久地支持自己割據稱帝。因此，劉龑不可避免地陷於這樣一種矛盾之中；要建國稱帝，維護統治，不能不依靠士大夫；但要世世代代在嶺南割據下去，又不能不排斥士人。這就是劉龑在建國初期重用士人，而後期政權穩固後即排斥士人而用閹宦的原因。原因之二是，劉龑的迷信思想作祟。劉龑與同時期許多小國之君一樣，都幻想通過「天」或曰「神」來維護和鞏固其皇權，他改名字及年號都出於迷信思想，以為這樣改革才會更加符合「天意」，才能得到「天」「龍」的護祐，劉氏的嶺南家天下才能世代傳續下去。

二、在位短暫的殤帝劉玢

大有三年（942）三月，劉龑病死，劉玢繼立，將當年改元為「光天」；到光天二年（943）三月，被其弟晉王弘熙謀殺，在位恰好一年。

劉玢原名弘度，封賓王，後改封秦王。他是劉龑的第三子，因前面二兄早死，輪到他成為「合法」的皇位繼承人。他不讀詩書，任情妄為，素質低劣。劉龑讓他招募宿衛京師興王府（廣州）的衛士，他招募的全是市井無賴，並慫恿他們光天化日之下在街市上搶奪商人財物。劉龑生前已看出他不是理想的皇位繼承人，如果讓他繼承皇位，南漢國的形勢將如「鼠入牛角——勢將漸小」，想打破封建禮法的約束，立以「孝謹」著稱的第五子越王弘昌為接班人，將以「驕恣」出名的秦王弘度及晉王弘熙（第四子）出置地方。但崇文使蕭益卻說什麼不立嫡以長必會招致動亂，使劉龑心懷疑慮，改變了初衷，劉弘度才得以繼位，更名玢。

劉玢做了南漢國的第二代皇帝，卻不理朝政。還在高祖劉龑未下葬的時候，他就與一群伶人飲酒奏樂，歡天喜地，甚至讓男女在宮中赤身裸體追逐遊戲，以此取樂；到了晚上，就身穿黑色孝服，與娼女偕行，出入民家，失盡皇帝體統。有大臣勸諫。但「左右恃意輒死，無敢諫者」。〔註 5〕由於劉玢不理朝政，致使一些地方官胡作非為，「由是山海間盜賊競起」，〔註 6〕到處都有農民起義爆發。其中影響最大的是張遇賢領導的粵東農民起義。劉玢依然沒有警醒，依然樂以忘憂。

〔註 5〕《資治通鑒》卷 283。
〔註 6〕《十國春秋》卷 59。

劉玢很害怕諸弟謀奪自己的皇位，因此對諸弟防備很嚴。他設宴召請諸弟，都要讓宦官把守大門，諸弟必須解衣接受搜查，確認沒有攜帶武器才准進入。

但防不勝防。晉王弘熙早已處心積慮要奪取其兄劉玢的帝位，他一方面頻頻地挑選美女進獻給劉玢，引誘劉玢沉迷於聲色之中，並討得其歡心和信任；另一方面則利用劉玢喜好手博這一點，收買了指揮使陳道庠並一群力士，聚於晉王府中練習角抵。練習好後進獻給劉玢觀賞，趁劉玢喝得大醉之機，陳道庠與力士合力將劉玢殺死，並盡殺劉玢左右侍從。

殤帝劉玢是依據封建宗法制度繼位的皇帝，「名正言順」，因此，對諸弟雖有防備，但還不至於像他的後繼者那樣必欲置所有兄弟於死地而後快；又因昵近市井小人，因此，做了皇帝仍散發著滿身的流氓習氣。

三、殘酷至極的中宗劉晟

中宗劉晟原名弘熙，封晉王，以殺兄奪得皇位，更名晟，改元「應乾」，在位 17 年，中宗在南漢歷史上以殘酷著稱。他的殘酷表現在：

（一）盡殺諸弟。劉龑在世時，在嶺南實行分封制，共分封 19 子為王，劉晟之下尚有 15 王（弟）。劉晟即位後，一門心思想的就是如何把這十幾個兄弟一個不留地除掉，而且要斬草除根。乾和元年（943），他殺循王弘杲；二年，殺越王弘昌、鎮王弘澤；三年，殺韶王弘雅；五年秋九月，劉晟在一日之內連殺八弟：齊王弘弼、貴王弘道、定王弘益、辯王弘濟、同王弘簡、益王弘建、恩王弘暐、宜王弘照，並且將諸王之子也全部殺掉，將他們的妻女納入後宮供其淫樂；十二年，殺高王弘邈及通王弘政。至此，除一弟率兵攻交州戰死外，其餘兄弟已被殺絕！

（二）隨意殺戮。過去曾經做過對不起自己事情的，已經失去利用價值的，中宗都會隨意殺戮。如左僕射王翻曾與高祖劉龑謀立越王弘昌，劉晟便先將他出為英州（今廣東英德市）刺史，不久賜死於路。劉道庠及一群力士受其指使殺殤帝劉玢，使劉晟得以繼位；但劉晟既已繼位，便將「弒帝」之罪委於劉道庠等，將他們都殺掉，還族誅了劉道庠一家，連劉道庠的友人鄧伸也被連累誅殺。殺人多了，劉晟就將人命看得如草芥一樣輕賤。一次，他喝醉酒，將一個瓜放在伶人尚玉樓的脖子上「試劍」，結果瓜斷了，人的脖子也斷了。這雖是醉時行為，但也反映了在劉晟的潛意識中，殺人是微不足道之事。

（三）濫施酷刑。《新五代史》卷 65 劉晟傳謂：「（劉）晟既殺兄，立不順，懼眾不伏（服），乃益峻刑法以威眾。」為了威懾臣下，劉晟將其父創立的湯鑊、鐵床、剜剔等酷刑都沿用了過來，並美其名為「生地獄」。《十國春秋》卷 59 記載，乾和九年（951）十二月，南漢軍隊打敗南唐軍隊，奪取郴州（今湖南郴縣），「所俘敗卒盡減一臂以歸之。帝（劉晟）自是愈得志」。看來，將戰俘全部斬去一臂才放回是劉晟的主意，何等殘忍！

殺人不眨眼可謂南漢中宗劉晟的一大特點。

中宗劉晟為什麼這樣慘無人道，喪盡人性？原因在於他是以陰謀奪得皇位的，他擔心諸弟步自己的後塵，有朝一日也讓自己變成刀下鬼；也擔心自己死後皇位不能由自己的後代繼承，所以要六親不認，先下手為強，把所有的皇位競爭者都清除掉。同時，用嚴刑竣法威懾群臣，讓他們服服貼貼，唯自己及後代的馬首是瞻，以為這樣才能鞏固帝位，永為至尊。

四、荒淫奢侈的後主劉鋹

後主初名繼興，封衛王，中宗劉晟的長子，封建時代權位理所當然的繼承人，16 歲即位，後更名「鋹」，大約是希望這一自創的「鋹」字能令他的統治固若金湯，天長地久。後主在位 14 年。

後主是一個荒淫、奢侈、殘酷、愚昧的「集大成」皇帝。

荒淫。後主為帝，國事不理，只與宮婢波斯女等日夜淫樂於後宮。這波斯女以「善淫」著稱，很受後主嬖寵，賜號曰「媚豬」，後主自稱「蕭閑大夫」。南漢後宮中有多少供後主淫樂的宮女？史書沒有明確的記錄。但史書記錄了後主在位時，宦官有 7000 多人（《資治通鑒》說 2 萬人）。宦官是為後宮服務的；既有如此龐大的宦官隊伍，則可知後宮嬪妃也是一個龐大的隊伍。

奢侈。後主仿傚其祖、父，建造宮殿也用金銀珠寶作裝飾，如建萬政殿，「飾一柱，凡用白金三千鋌，又以銀為殿衣，間以雲母，無名之費日有千萬。」宦官為了討好後主，多所興作，至有離宮數十，耗費了鉅額的國家資材。後主曾以珍珠裝飾馬鞍，為戲龍之狀，極其精妙，名為「戲龍九五鞍」。此鞍於宋滅南漢後獻給宋太祖。宋太祖讓群臣觀看。群臣全都「駭伏」！宋太祖對群臣說，南漢後主如果將奢侈之心用於治國，何至輕易被滅呢！為了維持奢侈生活的需要，後主下令加重賦稅徵收，民眾入城要交錢；賣米要收稅；同時在今廣西合浦設「媚川都」，招募善水性者入深海採珠，稱作「珠奴」，規

定了產量。後主宮廷中積纍了大量的珍珠。其後宋軍南下，宦官在宮中放火。宋軍在廢墟灰燼中收集起來的珍珠還有 46 甕！〔註7〕

愚昧。後主與他的祖、父一樣，也認爲知書識禮的士人不能盡忠於割據一方的小國家，是靠不住的；只有胸無點墨而又出身微賤的宦官才是親近可任的。因此，將朝中軍政大權都交給宦官和宮人，臺省官充員而已，有名無實。士人想要得到委任，必須先行閹割，成了宦官以後才行。宦官爲了更好地專權，引了一個叫樊胡子的女巫見後主。女巫裝神弄鬼，說自己是玉皇降身，自己所說的話就是玉皇所說的話，絕不可違背；並說，如今正專權的幾名宦官都是上天派下來輔助後主統治的，即使有罪也不可懲罰。後主居然深信不疑，對樊胡子頂禮膜拜，以至國家大事都由樊胡子決定。到南漢後期，北宋出兵嶺南，由於得力將領都被誅殺或被貶逐，南漢軍隊已無將可用。一官媼薦其未經戰陣的養子郭崇岳可用，後主即任爲招討使，令他統軍 6 萬出戰。郭崇岳勇謀俱無，惟日夜求神拜佛，結果在宋軍面前，南漢軍兵敗如山倒。

殘酷。後主爲了鞏固皇位皇權，也仿傚其父中宗的殘酷作法，要誅殺諸弟，並且在大寶三年，首先向其弟桂王璿興開刀。後主也視人命如草芥。如他令工匠冶銅鑄造他和諸子的銅像，稍有不似即斬殺工匠，前後斬殺了兩批才罷休。又沿用其祖、父所用的酷刑，有燒、煮、剝、剔等手段，刀山劍樹等名目；有時候則讓「罪人」與老虎、大象搏鬥，觀以取樂。後主還動輒在酒中下毒，以「賜」大臣。大寶十四年（971），南漢國滅。「集大成」皇帝劉鋹成爲宋軍的俘囚，押送至宋都汴京（今河南開封），被封爲「恩赦侯」，像三國時蜀後主劉禪一樣，過著「樂不思蜀」的日子。劉鋹年少當國，並不具備治國安邦的理想和才具；朝中掌權的全是宦官、宮人，都是不學無術、胡作非爲之輩，有知識有文化的士大夫已被斥逐殆盡。在這樣的政治環境中生長的後主，難免深受其祖、父的影響，將他們自私、荒淫、奢侈、殘酷等作風繼承過來，從而成爲一個封建統治者劣根性的「集大成」者。

〔註 7〕《十國春秋》卷 60。

三十九、孟知祥爲什麼能割據兩川？

摘　要

　　文章探討了五代後唐時期孟知祥割據兩川成功的原因，認爲他的割據是爲自身勢力的拓展建立根據地。孟知祥擁有一支戰鬥力旺盛的軍隊；在用兵作戰的同時，他注意穩定兩川社會秩序，加強了川蜀的防禦，積蓄經濟力量，爭取將士之心，與此同時還注重對人才的爭取和擢用。探尋孟知祥割據兩川成功的奧秘，可以從正反兩方面獲得一些有益的歷史啓迪。

　　關鍵詞：孟知祥；割據兩川；人才擢用

　　孟知祥，刑州龍岡（今河北刑臺市西南）人，在五代初期晉王李存勗與後梁政權夾河相爭中，「知祥參謀應變，事無留滯」，〔註1〕頗得晉王的器重。923 年後唐王朝建立後，孟知祥受任爲太原尹、北京（太原）留守；925 年，後唐出兵 6 萬滅前蜀，分別任命孟知祥、董璋鎮守西川、東川。時天下正亂，後唐中央集權削弱，孟知祥、董璋二將皆有乘亂割據川蜀之志。結果是，孟知祥先與董璋聯兵，抵擋住了後唐的軍事進攻；後又將進犯的董璋東川軍打敗，據有了東、西兩川之地，於應順元年（934 年）建立起割據兩川的政權，史稱後蜀。

　　孟知祥爲什麼能割據兩川？筆者認爲有主觀和客觀兩方面的原因。

　　從主觀立場看，是因爲孟知祥入川後努力做了以下幾個方面的工作：

一、力圖穩定川蜀社會秩序，爲自己創造了一塊立足和發展的根據地

　　後唐軍滅前蜀後，蜀中局勢十分混亂，「時成都雖下，而蜀中盜賊群起，布滿山林」。孟知祥到成都後，首先著手解決「盜賊群起」的問題。他「擇廉吏使治州縣，蠲除橫賦，安集流散，下寬大之令，與民更始」；對於不受招安的「群盜」，則分散搜捕誅戮；並「慰撫吏民，犒賜將卒，（使）去留帖然」。〔註2〕著意創造一個安定的社會環境和政治局面。孟知祥與董璋聯兵擊退後唐軍隊的「征討」後，爲了給川蜀地區創造一個安定和平的局面，曾多次派遣使者勸說董璋，希望與董璋一起上表，向後唐朝廷謝罪，改善與中原封建王朝的關係，以免招致新的戰爭。孟知祥打敗董璋，據有兩川之地後，屬將趙廷隱曾慫恿孟知祥繼續拓展疆界，「獻取山南之計，帝（按：指孟知祥，時已建立後蜀政權）以兵罷（疲）民困，不許」。〔註3〕只有穩定社會秩序，經濟才能發展，人心才會歸向，割據才能如願。孟知祥是深明此理的。

二、創建了一支龐大的戰鬥力旺盛的軍隊，並加強了川蜀的防禦

　　孟知祥自被後唐朝廷任命爲成都尹、西川節度副大使進入川蜀後，即努力擴充軍隊，以作爲割據的資本。後唐滅前蜀後，實際上的平蜀主帥郭崇韜將蜀騎兵分爲左、右驍衛等 6 營，凡 3000 人；將步兵分爲左、右寧遠等 20 營，凡 24000 人。經過改編的這兩個系統的蜀軍，相當一部分自然成爲孟知

〔註1〕《十國春秋》卷 48，《後蜀一》。
〔註2〕《資治通鑒》卷 274。
〔註3〕《十國春秋》卷 48，《後蜀一》。

祥屬下之軍。以後，孟知祥又增置左、右衝山等 6 營，凡 6000 人，營於羅城內外；又置義寧等 20 營，凡 16000 人，分戍管內州縣；又置左、右牢城 4 營，凡 4000 人，分戍成都境內；又置左、右飛棹兵 6 營，凡 6000 人，分戍濱江諸州，習水戰以備夔、峽。此外，孟知祥還建立了一支親兵部隊，置左、右牙等兵 16 營，凡 16000 人，營於牙城內外。〔註 4〕孟知祥統領的軍隊人數總共有多少？《新五代史》卷六十四「後蜀世家第四」記載為 7 萬；《十國春秋》卷四十八「後蜀一」記載為 20 餘萬；孟知祥自稱為 10 萬，可知《新五代史》所記為是。在積聚了雄厚軍事力量的基礎上，孟知祥還加強了兩川的防禦。天成二年（927 年）12 月孟知祥就發動民丁 20 萬修築成都城；同時分兵把守各險要之處。

三、積蓄了雄厚的經濟基礎

為了維持這支龐大的軍隊，支持日後要開展的割據事業，孟知祥竭力積蓄錢糧財富。明宗天成元年（926 年）10 月，後唐朝廷任命鹽鐵判官、太僕卿趙季良為孟知祥官告國信兼三川都制置轉運使，想將川蜀財賦轉輸朝廷。但孟知祥只允許轉輸府庫原有的財物，不允許徵收轉輸州縣的租稅。他說：「府庫他人所聚，輸之可也。州縣租稅，以贍鎮兵十萬，決不可得。」〔註 5〕先是，西川常發芻糧饋峽路，孟知祥為了增強割據的物質基礎，違抗朝命，強行將這些芻糧截留不發。此外，孟知祥還在漢州置三場重徵鹽稅，「歲得錢七萬緡」；其後又迫使朝廷許割雲安等 13 鹽監隸西川，更獲無算。

四、爭取了將士之心

擁有了大量可觀的軍隊，未必就一定會擁有強大的軍事力量。前蜀後主王衍也擁有 10 萬大軍，但在後唐出兵征討之際，卻是望風瓦解，這就是一個例證。軍隊的戰鬥力來自將士人心的凝聚和力量的奮發。孟知祥明自此理，因此他很注重籠絡將士人心。孟知祥籠絡將領人心的辦法是對他們充分地信任。例如，李仁罕、張業（原名知業，後避知祥諱，單名業）是孟知祥寵任的將領。一次，二將擬設宴邀請孟知祥。有居心叵測者企圖藉此挑撥離間孟知祥與將領之間的親密關係，傳出謠言，說二將準備在開宴之日謀反。孟知祥查無實據後，嚴屬處罰了造謠者；到二將設宴之日，孟知祥盡去左右護衛，

〔註 4〕《資治通鑒》卷 275。
〔註 5〕《資治通鑒》卷 275。

單身赴宴，以表示對二將的充分信任。孟知祥此舉贏得了眾將之心，「於是諸將皆親附而服之」。〔註6〕又如，董璋在與孟知祥聯軍打敗後唐軍隊後，企圖滅孟知祥而獨據川蜀，發兵進攻西川。孟知祥命愛將趙廷隱爲行營馬步都步署，將兵三萬拒之。董璋陰謀行離間計，造成孟知祥軍事集團內部的互相猜疑，敵視，以致互相殘殺，他僞造西川兩位得力人物趙季良和趙廷隱與董璋「相通」的書信，又設法將這些書信傳到孟知祥手中。但對將領充分信任的孟知祥很快識破其奸計，對兩位心膂將臣的信用絲毫也沒有動搖。孟知祥對將領們的信任，得到的是將領們在作戰時的以死相報。如孟知祥毅然赴李仁罕之宴，李仁罕就大受感動，「叩頭流涕曰：『公推赤心置人腹中，老兵惟盡死以報德耳。』」這是李仁罕的肺腑之言。後來，李仁罕將兵攻遂州，拔忠州，破萬州，陷雲安監，克夔州，獲峽江之捷，爲孟知祥割據兩川立下了煊赫的功勳。

孟知祥對士卒的優待，對他們切身問題的關注以及艱危時刻的身體力行，也贏得了廣大士卒對他的感恩和歸心，激發了士氣。孟知祥剛入蜀時，對於滅前蜀後留駐川蜀的後唐軍隊數萬人，「皆厚給其衣食，因請送其家屬」，〔註7〕即向朝廷請求將士卒家屬送至川蜀，使士卒安居樂戍。與東川董璋決戰時，孟知祥留節度副使趙秀良守成都，自帥兵 8000 人趕赴前線，「時軍中暑熱，知祥巡行撫問，三軍忻然，如熱而濯」，〔註8〕大大鼓舞了西川軍士氣，終於戰勝了東川軍。

總之，對將領的信任，對士卒的關心，使孟知祥贏得了廣大將卒的擁戴。這是西川軍作戰勇猛的一個重要原因。

五、重視人才的爭取和擢用

孟知祥在割據兩川過程中，對人才的物色、爭取、任用，還十分重視。如，趙季良「通敏善謀略」，在後唐原是一位負責財經工作的大臣，由於工作出色，又有遠見卓識，使「莊宗大加欽重」。明宗天成元年（926 年），後唐朝廷以趙季良爲三川制置使，督蜀犒軍餘錢送京師，且置制兩川徵賦。孟知祥愛慕趙季良之才，「遂留之不遣，因請爲西川節度副使，事無大小，多與參決」。後唐朝廷想將趙季良從孟知祥身邊調走，孟知祥無論如何不肯讓趙季良離

〔註6〕《十國春秋》卷 48，《後蜀一》。
〔註7〕《資治通鑒》卷 274。
〔註8〕《十國春秋》卷 48，《後蜀一》。

去；他「表留季良，不可得，復遣使至京師論請，明宗不得已，曲從之。」俗語說「士為知己者死」。孟知祥的器重使趙季良深受感動，「自是季良傾心事高祖（孟知祥），布心腹矣」。其後，趙季良為孟知祥割據兩川出謀劃策，貢獻良多：他曾規勸孟知祥蠲棄前嫌，與董璋聯兵抵抗後唐軍隊的進攻；在抵抗後唐軍隊的進攻中，他為孟知祥制定了正確的戰略方針，使後唐軍隊無法深入；在與東川董璋的矛盾衝突中，他對董璋的觀察分析切中肯綮，有先見之明，並指導孟知祥合理用兵，終於將董璋打敗。〔註9〕

除趙季良外，在孟知祥割據兩川過程中功勳卓著的還有趙廷隱、李仁罕、張業和李肇等。這些將領，有些是孟知祥從自己屬下的將士中發現和擢用的；有些則是從敗降的敵軍中識別和爭取過來的。他們都成了孟知祥割據事業的得力支柱，被封建史家稱為孟知祥的「五節度使」、「創業勳臣」。〔註10〕

孟知祥之所以能夠割據兩川，還有客觀方面的原因。要言之，一是後唐自滅前蜀起，統治階級內部的鬥爭即迅速激化，昏憒的莊宗與專權的宦官合謀殺害了平蜀功臣、宰相郭崇韜及大將朱友謙，由此引發了後唐軍隊的反叛。莊宗在兵變中被射殺；後唐大將李嗣源奪得帝位；平蜀名義上的主帥、莊宗之子魏王繼岌絕望自殺；一些原來俯首聽命的藩鎮也乘亂獨立。混亂之中，後唐有限的軍隊既要防禦北方強悍民族契丹的侵擾，又要平定內亂，還得「征討」桀驁不馴的藩鎮，已經沒有足夠的力量阻止孟知祥在川蜀的割據。二是川蜀地理形勢險峻，使中原王朝的進軍極端困難。後唐明宗繼位後，不願眼看川蜀得而復失，曾派遣石敬瑭統軍征討兩川。但後唐的征討以失敗告終。其失敗的一個重要原因就是入川之道艱險，糧草轉輸困難。三是競爭對手董璋的品質不良，不得入心。董璋原亦係後唐將領，參與了後唐滅前蜀之戰，前蜀被滅後，他受任為東川節度。董璋在天下已亂的形勢下亦有乘亂割據川蜀之志。他招兵買馬，擁有了15萬的步騎。在與孟知祥聯兵挫敗了後唐軍隊的征討後，董璋企圖一舉滅掉孟知祥，吞併四川，結果卻以兵敗身死而告終。董璋的失敗不是偶然的；這是他人品惡劣，得不到將士秉力支持的必然結果。西川節度副使趙季良曾出使東川，對董璋的為人瞭解得很清楚，他說，董璋在東川「卒徵暴斂，好殺惡生；負志剛強，不量人事；用兵好勝，不達天時；而且朝令夕改，坐喜立嗔；

〔註9〕《十國春秋》卷51，《趙季良傳》。
〔註10〕《十國春秋》卷51，「論曰」。

兵有鬥心將無戰意」；「勇而無恩，士卒不附」。〔註11〕結果，當董璋與孟知祥決戰時，關鍵時刻，東川右廂馬步都指揮使張守進向孟知祥投誠，並獻計曰：「東川兵盡此，無復後繼，當急擊之。」〔註12〕董璋因此而兵敗如山倒。

孟知祥在五代史上是一位「貳臣」、「叛將」，《舊五代史》將他記在「僭偽列傳」中，史學界至今亦未見一篇論及孟知祥的文章，可見孟知祥自古及今之受世人的輕視和鄙夷。我們姑且不去探討在後唐宦官專政，忠良被誅，叛亂四起，目不識丁者兵變奪得帝位這樣黑暗、混亂的歷史背景下，孟知祥乘機割據川蜀，保境安民，恢復發展生產，是否有其歷史的合理性；也不去考證一些史家讚美孟知祥在川蜀地區「撫民以仁惠，馭卒以恩威，接士大夫以禮。歿之日，蜀人甚哀之」〔註13〕是否符合歷史實際；我們只是從孟知祥割據兩川這一歷史現實著眼，進行考察，分析，探尋其成功的奧秘，不是也可以從正反兩個方面獲得一些有益的歷史啓迪嗎？

〔註11〕　《十國春秋》卷51，《趙季良傳》。
〔註12〕　《十國春秋》卷48，《後蜀一》。
〔註13〕　《十國春秋》）卷48，「論曰」。

四十、晉人在五代史上的貢獻

　　五代歷史雖然短暫，但晉人在五代的歷史舞臺上卻顯得特別活躍。他們不僅人數眾多，戰功煊赫，仕途輝煌，而且在戰爭中的出謀劃策和國家的施政建設上，在保家衛國、抵抗異族入犯以及平定國內叛亂等方面，都大顯身手，發揮了重要的作用。

　　晉人何以能活躍於五代的歷史舞臺上？究其原因，一是自唐末農民大起義之後，唐朝一統局面破裂，黃河南北烽火連天，戰馬奔馳，晉人爲戰爭浪潮裹挾，投軍從戎，爲日後建功立業奠定了基礎；二是五代之中，除後梁朝外，後四朝（後唐、後晉、後漢、後周）的統治者李存勖、李嗣源、石敬瑭、劉知遠、郭威等，都自河東發迹，他們部下的將、兵許多是晉人，這使晉人大受重用；三是晉人勇悍的秉性，使他們在戰火紛飛的年代裏如魚得水，脫穎而出。

　　以下略述晉人在五代史上的貢獻。

一、戰勝攻取

　　唐末的混戰給人民帶來了深重的災難。人們渴望著統一與安定；而統一與安定得通過戰爭，消滅割據者，才得以實現。在兼併戰爭中，晉人充分地表現出了英雄本色。

（一）朱溫麾下的晉人

　　唐末五代初期，軍閥林立。晉人大多投身於河東軍閥李克用麾下，在其他軍事集團中拼搏的不多。其中，在朱溫軍事集團中軍功顯著而受到朱氏賞

識、重用而名留史冊的晉人有李讜、范居實和郭言。李讜，河中臨晉（山西臨猗縣人）；范居實，絳州翼城（山西新絳縣）人；郭言，太原人。〔註1〕

（二）汴晉爭衡中的晉人

朱溫建立後梁後，晉王李存勗率軍與汴梁進行了 15 年艱苦卓絕的戰爭，史稱「汴晉爭衡」。爭戰中，晉軍取得一次次的勝利，並最終於後唐同光元年（923）滅了後梁，建立了後唐王朝。在這 10 多年的戰爭中，晉人發揮了重要的作用。正是他們的奮勇拼搏，晉王才得以建立局部一統的天下。茲輒舉二例：

1. 破「夾寨」，救潞州

後梁開平元年（907）五月，朱溫派兵 8 萬，會同魏博兵攻潞州（山西長治市），在潞州城下築重城，內以防奔突，外以拒援兵，謂之「夾寨」，企圖以圍困之計使潞州晉兵食盡援絕，坐以待斃。「晉王以蕃、漢都指揮使周德威爲行營都指揮使，帥馬軍都指揮使李嗣本、馬步都虞侯李存璋、先鋒指揮使史建塘、鐵林都指揮使安元信、橫衝指揮使李嗣源、騎將安金全救潞州」。〔註2〕這些將領幾乎都是晉人。周德威，朔州馬邑（山西朔州）人；李嗣本和史建塘都是雁門（山西代縣）人；李存璋，雲中（山西大同）人；安元信、安金全，代北（山西代縣）人。有趣的是，面對晉軍的增援，朱溫遣左神勇軍使范居實將兵救之。前已述及，范亦是晉人。可見，晉人不僅是晉王李存勗依靠的支柱，同時也是後梁倚賴和信任的對象。由於晉將的英勇善戰，最終使晉王解了潞州之圍。

2. 救鎮州，戰柏鄉

開平四年（910），後梁攻鎮州（河北正定縣）。趙王王鎔向晉求援。晉王出兵救鎮州，並於次年與趙聯兵，與後梁軍隊在柏鄉（河北柏鄉）大戰。結果後梁軍隊慘敗。此戰中，晉籍將領周德威、史建塘、安金全等建立了卓著的功勳。

在汴晉爭衡中，累立戰功的晉人還有：梁漢顒，太原人；康思立，晉陽（太原）人；侯益，汾州（山西平遙縣）人；李存進，振武（山西代縣）人；史儼，雁門人；李德珫，應州金城（山西應縣）人；張彥澤，太原人；周密，應州神武川（山西山陰）人；李懷忠，晉陽人；史敬鎔，太原人，等等。他

〔註 1〕 《舊五代史》卷 19《李讜傳》、《范居實傳》；卷 21《郭言傳》。
〔註 2〕 《資治通鑒》卷 266，第 8683 頁。

們的具體事迹分別見於《舊五代史》、《新五代史》、《宋史》各人傳。

（三）後唐滅前蜀之戰

同光三年（925）九月，後唐發動了滅前蜀之戰，進軍神速，取得了輝煌的勝利。在這場滅蜀戰爭中，最大的功臣也是晉人。後唐樞密使（宰相）、代州雁門人郭崇韜爲招討使（副帥），實際上肩負起了主帥的重任，「其招懷制置，官吏補置，師行籌畫，軍書告諭，皆出於崇韜，（都統）繼岌承命而已」。〔註3〕此外，代北人康延孝亦是功勳卓著。

（四）後周南征北戰

後周世宗順應歷史發展潮流，先後發動了對後蜀、江淮以及北漢的兼併戰爭。在這場聲勢浩大的統一戰爭中，又湧現出一批晉籍功臣。他們是：白延遇、吳廷祚、李萬超、慕容延釗，均爲太原人；張永德，并州陽曲（太原陽曲縣）人；李崇矩，潞州上黨（山西長治市）人；張廷翰，澤州陵川（山西陵川縣）人；袁彥，河中河東（山西永濟縣）人；高防，并州壽陽（山西壽陽縣）人；楊美，并州文水（山西文水）人等等。他們的事迹亦記載在《舊五代史》、《新五代史》、《宋史》各人傳中。

此外，不少晉人傳記中，雖然記載簡略，但從他們所得官職之高之多，亦可知他們在戰爭中立下了顯赫的功勳。正是顯赫的軍功才使他們得以留名史冊。

二、出謀劃策

戰爭之前的謀略是否合理，關係著戰爭的勝負大局。《孫子兵法》「作戰第二」云：「未戰而廟算勝者，得勝多也，未戰而廟算不勝者，得算少也。多算勝，少算不勝，而況乎無算乎！」「謀攻第三」亦云：「上兵伐謀，其次伐交，其次伐兵，其下攻城。」說的都是軍事活動中，出謀劃策的重要性。

在五代史上，許多重要的軍事勝利的取得，都與晉人的出色謀略有關。這之中，郭崇韜是一位最惹人注目的人物。郭崇韜自貞明三年（917）被晉王李存勗任爲中門副使，即專典機密，成爲晉王的重要謀士，「軍籌計劃，多行參決，艱難戰伐，靡所不從」。〔註4〕他對問題的觀察全面，分析中肯，建議

〔註3〕 《舊五代史》卷57，《郭崇韜傳》。
〔註4〕 《冊府元龜》卷309，《宰輔部·佐命》。

合理，對晉王的軍事取勝影響極大。限於篇幅，其出謀劃策以致勝之事不述，詳情見《舊五代史》卷 57 本傳。晉王曾對郭崇韜說：「卿爲朕畫策，襲取汶陽，保固河津，既而自此直趨大梁，成朕帝業，豈百戰之功可比乎！」其後，後唐伐蜀，由於郭崇韜制定的戰略決策正確，故能輕易致勝。當時人及後世史家對郭崇韜的評價都極高。參與滅蜀之戰的將領康延孝曾說：「南平（後）梁，西取蜀，其謀盡出於郭公」；〔註 5〕封建史家亦認爲，「（郭）崇韜服勤盡節，佐祐王家，草昧艱難，功無與比」。〔註6〕此外，所獻謀略爲當政者採納，爲戰爭的勝利奠定了基礎的晉人還有周德威、康延孝、鄭仁誨、扈彥珂、王溥等。

周德威是一位久經沙場，經驗豐富的老將，在作戰中不僅勇冠全軍，而且知己知彼，料敵如神。如開平四年（910）十二月，晉與趙聯軍對付後梁對鎮州的進攻，起初形勢對晉不利，由於採用了周德威的謀略，晉最後取得了勝利。康延孝是從後梁方面投奔晉王的。晉王聽了他對形勢的分析及其滅後梁的謀略，「甚壯其言」，「卒用延孝策，自鄆入汴，凡八日而滅（後）梁」。〔註 7〕扈彥珂，雁門人，在後漢平定「三叛連衡」反叛活動中，建議合理，對後漢的克敵制勝起了重要作用，因之以功遷護國軍節度。〔註 8〕晉陽人鄭仁誨在協助郭威處理軍務，出謀劃策平定叛亂等方面，「密贊軍機」，有「佐命功」，很受郭威賞識，官至樞密副使。〔註9〕王溥，并州祁（山西祁縣）人，在郭威、柴榮身邊爲謀士，對於國家戰略的部署，將帥的用人，獻策良多。後周顯德六年（959），王溥受命參知樞密院事，參與國家軍機大事的謀劃。雁門人史匡翰亦以「剛毅有謀略」〔註 10〕而著稱。

三、平定叛亂

五代時期，中央集權削弱，地方將領手握重兵，多有稱王稱帝之野心，因而叛亂頻繁發生，對國家對社會對人民都造成了極大的危害。在五代歷朝鎮壓叛亂，維護國家統一與安定的軍事活動中，晉籍將領表現得卓爾不群。

〔註 5〕　《新五代史》卷 44，《康延孝傳》。
〔註 6〕　《舊五代史》卷 57，《郭崇韜傳》。
〔註 7〕　《新五代史》卷 44，《康延孝傳》。
〔註 8〕　《宋史》卷 254，《扈彥珂傳》。
〔註 9〕　《舊五代史》卷 123，《鄭仁誨傳》。
〔註 10〕　《舊五代史》卷 88，《史匡翰傳》。

（一）平定李克寧叛亂

開平二年（908），晉王李克用病死，傳位於子李存勗。李克用弟李克寧陰謀發動兵變以奪權。兵變如成事實，必然會造成晉籍軍事集團的分裂內戰，事態嚴重。結果，李克寧的叛亂被及時平定了。平叛功臣是晉人李存璋和史敬鎔。〔註11〕

（二）平定朱守殷叛亂

後唐天成二年（927）十月，汴州節度使朱守殷發動叛亂。平叛中，一位晉籍將領表現不凡，他就是沁州綿上（山西沁源縣北）人郭延魯，「延魯從車駕東幸，至其地，坎壘先登。守殷平，（郭延魯）以功授汴州步軍都指揮使，加檢校尚書左僕射」。〔註12〕

（三）平定秦王叛亂

後唐明宗末年，秦王李從榮陰謀發動兵變以奪位。結果陰謀未能得逞。平叛功臣是代北人康義誠和太原人朱弘昭。康義誠當時總侍衛親軍，手握禁軍兵柄。他就是利用禁軍平叛的。〔註13〕

（四）平定李金全叛亂

後晉天福五年（940）五月，安遠軍節度使李金全叛，歸附南唐。在平叛中，晉人安審暉（安金全子）任平叛副總指揮，立下了大功。〔註14〕

（五）平定安重榮叛亂

天福六年（941）十二月，安重榮叛於鎮州，率兵數萬奔京師而來。後晉皇帝石敬瑭命杜重威（太原人）統諸將以禦之，最後取得了平叛勝利，斬安重榮首傳於闕下。這次平叛中，功臣還有太原人白延遇。〔註15〕

（六）平定安從進叛亂

天福七年（942），襄州藩帥安從進構逆，率眾寇南陽。申州刺史、潞州人李建崇主動領步騎千餘屯於葉縣以禦之，在湖陽縣（河南唐河縣）花山遇

〔註11〕《舊五代史》卷 55，《史敬鎔傳》。
〔註12〕《舊五代史》卷 94，《郭延魯傳》。
〔註13〕《資治通鑒》卷 278。
〔註14〕《資治通鑒》卷 282。
〔註15〕《舊五代史》卷 124，《白延遇傳》。

安從進叛軍，「建崇接戰，大敗之，以功授亳州團練」。〔註16〕

（七）平定李守貞、王景崇、趙思綰叛亂

後漢乾祐元年（948），護國節度使兼中書令李守貞、永興趙思綰、鳳翔王景崇同時反叛。在預防叛亂以及平定叛亂中，有功的晉籍將領是：匡國節度使、潞州人張彥成（原名彥威，避郭威諱改名彥成）；馬軍都指揮使、雲州（山西大同市）人羅金山；河中行營都部署、太原人白文珂；晉陽人藥元福等。

（八）平定慕容彥超叛亂

後周初年，慕容彥超據兗州（山東兗州縣）叛。周太祖郭威將平叛重任交付陳州防禦使、晉人藥元福。藥元福不負君主重託，將叛亂平定，以功授任建雄節度使。〔註17〕

不少晉籍將領不只是在一次兩次平叛戰爭中立下功勳，而是多次參與平叛戰爭，均立下軍功，如杜重威，汾州平遙（山西平遙縣）人侯益、侯仁矩父子等。

此外，平叛功臣還有代北人安審通、太原人李萬超、晉陽人李進卿等。

正是由於晉籍將領在平叛中英勇善戰，所向克捷，因而，一旦叛亂發生，統治者常常在晉籍將領中物色挑大梁者。一個典型的例子是，後唐末年，擁有雄厚實力的河東節度使石敬瑭叛，後唐廢帝在預防叛亂和平叛中，都以晉人為主要將領，如以寶鼎（山西萬榮縣寶鼎）人楊彥詢為北京留守以監視之；叛亂發生後以代州人張敬達為平叛最高軍事指揮——北面行營都招討使；以安審琦（安金全子）為馬軍都指揮使；以并州人相里金為步軍都指揮使，等等。只是由於石敬瑭勾結契丹大軍為援，力量過於強大，才使這場平叛戰爭未能取勝。

可見，五代時期許多叛亂都是在晉籍將領的指揮或積極參與下被平定下去的。可以這麼說：晉將是五代叛亂的克星！

三、保家衛國

唐末五代，契丹族崛起於我國北方。契丹主耶律阿保機、耶律德光乘中原戰亂不息，頻頻出兵南下，掠奪人口、財物，對中原國家的穩定構成了極

〔註16〕《舊五代史》卷129，《李建崇傳》。
〔註17〕《宋史》卷254，《藥元福傳》。

大的威脅。在防禦和抵抗契丹族軍隊的入犯過程中，晉籍將領和士兵表現突出，其中不少人犧牲在保家衛國的戰場上。

汴晉爭衡期間，契丹軍隊頻繁入犯。晉王任命晉籍將領李存璋為大同防禦使兼應、蔚、朔等州都知兵馬使，肩負邊防重任，多次打退契丹軍的進犯。

後梁貞明三年（917），契丹軍大舉入犯，「聲言有眾百萬，氈車毳幕彌漫山澤」。晉王將抵禦契丹入犯的重任交給周德威。周德威率軍堅守幽州（今北京）200 天，有效地阻遏了契丹軍進攻的鋒芒。最後與增援的晉軍裏應外合，將契丹軍打敗，契丹軍「席卷其眾自北山去，委棄車帳鎧仗羊馬滿野」。〔註18〕

後晉自石重貴繼位，激化了與契丹的矛盾，使契丹軍傾國入犯。在初期的抵抗契丹軍以及後期的驅逐契丹軍中，晉籍將領都有突出的表現。

契丹軍南下之初，來勢兇猛，咄咄逼人。後晉出帝親征，兩軍決戰於澶淵（河南濮陽縣）。決戰中，首當其衝的晉籍將領藥元福「奮鐵撾擊契丹，斃者數人，左右馳突，無不披靡，契丹兵潰」。出帝壯其所為，稱之為「古之忠烈無以過之」。次年，契丹軍隊又入犯。晉籍將領藥元福、張彥澤等奉命於陽城（山西陽城縣）禦敵。藥元福「率麾下騎，開拒馬出戰，諸將繼至，契丹大敗，追北二十餘里，殺獲甚眾，敵帥與百餘騎遁去」。〔註19〕後晉開運二年（945），在白團村和陽城東南的戰鬥中，晉籍將領杜重威、藥元福都是功不可沒的，殺得「契丹主乘奚車走十餘里，追兵急，獲一橐駝，乘之而走」。〔註20〕

後晉為契丹所滅後，劉知遠在晉陽稱帝，建立了後漢王朝，正向大梁（河南開封）進軍。原來逼於形勢降附契丹的一些漢族將領乘機反正，展開了驅逐契丹軍出境的鬥爭。這其中，晉籍將領也起了重要作用。他們是：太原人何福進、李榮、羅彥環；并州榆次（山西榆次）人武行德等。

在這場衛國戰爭中，晉籍功臣還有：李萬超、安審琦、并州榆次人侯章等。

後周朝，北漢勾結契丹頻繁擾邊。在抵抗割據政權以及契丹等異族軍隊騷擾的戰爭中，功勳卓著的晉籍將領有：雲州人史彥超、藥元福，雲中人折德扆、何福進等。

由於山西與契丹領地毗鄰，晉人不僅曉勇善戰，而且熟悉邊情，因此，

〔註18〕《資治通鑑》卷 270。
〔註19〕《宋史》卷 254，《藥元福傳》。
〔註20〕《資治通鑑》卷 284。

歷朝統治者往往將捍禦強戎，保家衛國的重任放在晉人肩上。晉人也不負主望，在禦邊上作出了重要的貢獻。如張敬達任雲中節度使，「每聚兵塞下，以遏其衝，契丹竟不敢南牧，邊人賴之」；[註21] 郭延魯被後唐莊宗「擢為保衛軍使，頻戍塞下，捍契丹有功」。[註22] 在禦戎保邊中，折從阮、折德扆、折德願父子兄弟功勳尤著。《宋史・折德扆傳》載：折氏「世居雲中，為大族。父從阮，自（後）晉、（後）漢以來，獨據府川，控扼西北，中國賴之」。折德扆、折德願兄弟在抵抗北漢的入侵中，多次破軍斬將，維護了邊境的安寧。

四、澄清吏治

五代是我國古代史上吏治敗壞的一個時期。究其原因，一是天下大亂，中央對地方的統治能力削弱，為地方官吏胡作非為創造了便利條件；二是地方官（節度使、刺史）多以武將充任，而武將又多崛起於草莽，道德修養差，文化水平低下，為人勇悍殘暴，肆無忌憚，故一旦為官一方，貪濁殘酷自然難免。五代時期既然在戰場上屢立戰功的晉人眾多，因而為官地方者自然也不乏其人。其中，雖然也有貪濁無能者，但更多的是清廉能幹者。

（一）政聲昭著

一些晉人在戰場上以勇悍著稱，在吏治上又以賢能聞名。在他們的治理下，地方建設頗有成績，他們也因而深受當地人民的愛戴。如雁門人史匡翰「歷數郡皆有政聲」；[註23] 晉陽人張憲「尤精吏道，剖析聽斷，人不敢欺」；[註24] 汾州孝義（山西孝義）人李彥從「治有政聲，百姓悅之」。[註25]

（二）為官清廉

如相里金在後唐朝任忻州刺史，「是時，諸州皆用武人，多以部曲主場務，漁蠹公私，以利自入，（相里）金獨禁部曲不與事，厚其給養，使掌家事而已」；[註26] 澤州（山西晉城）人武漢球「雖出自行伍，然長於撫理，常以

〔註21〕 《舊五代史》卷70，《張敬達傳》。
〔註22〕 《舊五代史》卷94，《郭延魯傳》。
〔註23〕 《舊五代史》卷88，《史匡翰傳》。
〔註24〕 《舊五代史》卷69，《張憲傳》。
〔註25〕 《舊五代史》卷106，《李彥從傳》。
〔註26〕 《新五代史》卷47，《相里金傳》。

掊斂爲戒，民懷其惠，身死之日，家無餘財」；〔註27〕李德珫，「所治之地，雖無殊政，然以寬恕及物，家無濫積，亦武將之廉者」；〔註28〕郭延魯「益以廉平自勵，民甚賴之，秩滿，州人乞留，不許，皆遮道攀號」〔註29〕等等。

（三）興利除弊

晉人爲官一方，治理水患，疏濬河道，開闢道路，做了許多利國利民之事。如代州崞縣（山西原平崞陽鎮）人安彥威在後晉朝曾任北京留守、歸德節度使，爲人慷慨，愛民如子。黃河曾於滑州決口，「彥威出私錢募民治堤」；後遷西京留守，「遭歲大饑，彥威賑撫饑民，民有犯法，皆寬貸之，饑民愛之，不忍流去」；〔註30〕并州祁（山西祁縣）人王祚，在後周朝先後任商州刺史、潁州刺史等職，所在多有善政。在商州（陝西商縣），王祚「以奉（俸）錢募人開大秦山巖梯路，行旅感其惠」；在潁州（安徽阜陽縣），「州境舊有通商渠，距淮三百里，歲久湮塞，（王）祚導之，遂通舟輯，郡無水患」。〔註31〕在地方主持疏濬河道，治理水患的晉籍官員還有太原人吳廷祚、河中河東人袁彥等。

五代史上，吏治清明，頗得民心的晉籍官員還有前文已提及的康思立、楊彥詢、侯仁矩、白延遇、安審琦以及晉陽人周環等。

五代「自（後）梁、（後）唐已（以）來，藩侯郡牧，多以勳授，不明治道，例爲左右群小惑亂，賣官鬻獄，割剝蒸民，率有貪狠之名」。〔註32〕在這樣的社會環境中，爲什麼晉籍官員中卻湧現了不少清廉賢能者？由於史體簡略，筆者難以尋出正確答案，但筆者認爲，至少有兩個方面的因素是有關的：一是其人學識水平較高，道德修養較好。如史匡翰，「尤好《春秋左氏傳》，每視政之暇，延學者講說，躬自執卷受業焉，時發難問，窮於隱奧，流輩或戲爲『史三傳』」；〔註33〕張憲「喜儒學，勵志橫經，不捨晝夜」；〔註34〕楊彥詢少事青州王師範，師範好學，聚書萬卷，使彥詢掌之，可見彥詢學識水平

〔註27〕　《舊五代史》卷106，《武漢球傳》。
〔註28〕　《舊五代史》卷90，《李德珫傳》。
〔註29〕　《新五代史》卷46，《郭延魯傳》。
〔註30〕　《新五代史》卷47，《安彥威傳》。
〔註31〕　《宋史》卷254，《王溥傳》。
〔註32〕　《舊五代史》卷98，《安重榮傳》。
〔註33〕　《舊五代史》卷88，《史匡翰傳》。
〔註34〕　《舊五代史》卷69，《張憲傳》。

不低。二是受先輩的良好作風的影響。五代晉人中，不少是父子從軍，父子爲官者。父輩爲官的良好作風，對後輩無疑有重要影響。如郭延魯爲官，時刻以其父爲榜樣，他曾「歎曰：『吾先君爲沁州者九年，民到於今思之。吾今幸得爲刺史，其敢忘吾先君之志！』由是益以廉平自勵，民甚賴之」。〔註35〕

　　以上敘述的僅僅是名見史傳的晉籍將領的事迹。事實上，在戰勝攻取、平定叛亂、保家衛國等方面，還有眾多的名不見經傳的晉籍士兵在奮勇拼搏，爲國捐軀。

　　總之，在五代時期的歷史舞臺上，晉籍人氏可謂群星璀璨，賢能輩出。除以上所述馳騁於沙場的英雄，任職於地方的賢能外，晉人還有不少在當時的政治、經濟、外交、文化上有重要貢獻者。晉人在五代時期各個方面爲社會爲國家獻智獻力，給後人留下了一個美好的群體形象。當然，林深鳥雜。五代時期的晉人中，也有一些人扮演了不光彩的角色，有犯上作亂者，有賣國徼利者，也有爲官貪濁者。但這些人，在活躍於五代歷史舞臺上的晉人中，畢竟只是少數，因而無損於這一時期晉人群體的光輝形象。

〔註35〕《新五代史》卷47，《郭延魯傳》。

四十一、北漢局促河東的原因
及其割據的條件

摘　要

　　北漢是五代時期割據河東的一個小國。北漢局促於河東的主要原因：一是統治者缺乏遠見卓識，處處陷於被動；二是驕傲輕敵，屢致失敗；三是內爭激烈，進小人，退賢良；四是地狹民貧，兵微將寡，難以支持政治與軍事上的發展。北漢能持續 29 年的統治，主要得益於契丹的軍事援助，太原城池堅固，易守難攻，以及後周、北宋的先南後北的戰略也爲其創造了苟延殘喘的機會。

　　關鍵詞：北漢；劉崇；契丹

　　北漢是五代後期由後漢高祖劉知遠之弟劉崇（即位後改名旻）於西元 951 年與後周王朝同時建立的割據於河東（今山西）的地方政權，首府太原（今太原市西南晉源鎮）。北漢傳四主：世祖劉崇在位 4 年；睿宗劉承鈞在位 13 年；少主劉繼恩在位僅數月；英武帝劉繼元在位 12 年，共 29 年。北漢在五代周邊諸國當中，存在時間最短；加之國境局促，政治、經濟、軍事各方面均無顯著建樹；又「對契丹奉行民族投降政策」〔註1〕，因而在史學界是一個被研究者遺忘的角落，迄今未見一篇論及北漢的文章。筆者認為，研究歷史，在於從中得到有益的經驗教訓；我們考察北漢局促於河東的原因及其割據的條件，對於我們認識歷史，吸取教訓，仍然是有意義的。

一

　　瞭解五代歷史者都知道，李存勗以太原為根據地，經 15 年奮戰，終於滅了盛極一時的後梁，建立起君臨中原的後唐王朝；石敬瑭以太原為根據地，倚靠契丹的援助，推翻了後唐的統治，建立起後晉王朝；劉知遠也是以太原為根據地，乘契丹滅後晉，中原群龍無首之機而入主中原的。故五代史家陶懋炳先生說：「河東一道也具有左右五代政局的舉足輕重地位。」〔註2〕但劉崇及其子孫以太原為根據地，儘管有君臨中原再建漢家天下的勃勃雄心，又有契丹的援助，卻始終未能如願以償，只能割據河東一隅，苟延殘喘近 30 年，何故？筆者以為，這是由當時的客觀形勢決定的：後梁建國後，內部鬥爭激烈，為李存勗的成功創造了契機；後唐自明宗李嗣源死去，末帝以養子身份繼位，威望未著，人心不附，使擁有雄厚勢力的石敬瑭得以稱帝；契丹滅了後晉，卻又因中原地區漢族人民的頑強鬥爭而無法立足，只得撤退，使劉知遠得以乘虛而入；而後周建立後，統治者勵精圖治，皇權日益鞏固，國家日益強盛，這就使得北漢統治者恢復劉氏漢家天下的宏願難以實現。

　　唯物史觀認為，客觀形勢對歷史起著決定性的作用；但同時又承認，個人（尤其是高高在上的統治者）的品格對歷史的發展有重要的影響。同年立國的後周與北漢，一國蒸蒸日上，國土不斷開拓，國力日益增強；而另一國卻死氣沉沉，各方面無大建樹，這顯然與兩國統治者的品格、作風有關。後周前兩代君主郭威、柴榮有見識，有魄力，因而人心凝聚，事業有成；而北

〔註 1〕 《五代史話》，第 13 頁。
〔註 2〕 《五代史略》，第 260 頁。

漢幾代君主均器識平庸甚至愚劣，造成人心離散，因而只能偏安一隅。

　　仔細考察北漢幾代統治者的所作所為，我們不難發現，他們的品格，他們的統治作風，存在著諸多弊失；正是這些弊失加上一些客觀因素，限制了北漢的發展壯大：

一是缺乏遠見卓識，處處陷於被動

　　具有遠見卓識者可以及時採取必要措施，防患於未然或先入為主；而無遠見卓識者只能見一步行一步，陷於被動境地。北漢創建者劉崇就是一個缺乏遠見卓識者。有史為證：後漢隱帝之時，「政在大臣」：郭威為樞密使，在平定後漢的「三叛連衡」中建立了大功勳，威望高隆，人心歸向。稍有見識者，皆可預見到郭威將會篡奪後漢劉氏政權。河東節度使兼中書令的劉崇的謀臣鄭珙就說：「漢政將亂矣！晉陽兵雄天下，而地形險固，十州徵賦足以自給。公為宗室，不以此時為計，後必為人所制。」劉崇接受了鄭珙的建議，於是「乃罷上供徵賦，收豪傑，籍丁民以益兵」。〔註3〕這為北漢政權的建立奠定了基礎；但另一位謀臣李驤的遠見及其獻計，卻不僅未被接受，而且還落得夫妻被戮的可悲結局。當時，後漢因為誅殺權臣史弘肇、楊邠而引發內亂，後漢隱帝被弒，後漢帝位出現空缺，而郭威「反狀已白」，內心已在考慮取後漢隱帝而代之。只是因為朝中大臣未明確表明推戴之意，郭威不得已請立劉崇的兒子劉贇為嗣。郭威的把戲，明眼人一眼就能看穿。「當是時，人皆知太祖（郭威）之非實意也」；偏劉崇信以為真，「獨喜曰：『吾兒為帝矣，何患！』乃罷兵」，〔註4〕以為天下仍然是劉家天下，放鬆了戒備。有遠見卓識的太原少尹李驤對劉崇說：「觀郭公（威）之心，終欲自取，公不如引兵逾太行，據孟津，俟徐州相公（劉贇）即位，然後還鎮，則郭公不敢動矣；不然，且為所賣。」規勸劉崇切勿為郭威所欺騙，勸他以兵下太行，控孟津以待變。如果劉崇稍有見識，接受李驤的建議，以兵控扼險要，加上後漢朝中人情並未完全歸附，迫於內外壓力，郭威也許未敢取劉氏政權而代之；但劉崇卻以為李驤是故意離間他父子，將李驤並其妻一併誅殺。李驤臨死前呼曰：「吾負經濟之才，而為愚人謀事，死固甘心！」〔註5〕表明了他對目光短淺的劉崇的大失所望。不久，郭威果然稱帝建國（後周），並派人誅殺了劉贇以絕人望。

〔註3〕《新五代史》卷70，《東漢世家第十》。
〔註4〕《新五代史》卷70，《東漢世家第十》。
〔註5〕《資治通鑑》卷290。第9452頁。

劉崇這才幡然省悟，悔恨莫及，在太原建立起北漢政權。

缺乏遠見卓識不僅在政治上被動，而且在軍事上也不可能具備戰略眼光而導致戰爭的勝利。以北漢軍隊進攻晉州（今山西臨汾市）為例。北漢立國之初，急欲開拓疆土。951 年 10 月，劉崇發北漢兵 2 萬與契丹軍 5 萬會合攻晉州。北漢與契丹軍屯駐於城北，東、北、西三面置寨圍困。晉州南有蒙坑險要之地，後周將帥王峻曾擔憂劉崇分兵據蒙坑，切斷後周援救晉州之路；但劉崇識不及此，偏偏留下一個缺口給後周的援軍通行以救晉州。因此，當後周援軍輕易通過蒙坑之後，將帥王峻大喜，「謂其屬曰：『蒙坑，晉、絳之險也。（劉）旻不分兵扼之，使吾過此，可知其必敗也。」〔註 6〕晉州城堅，加之得到救援，因此，北漢與契丹聯軍久攻不克，只能「燒營夜遁」；退兵途中又被後周軍隊追擊，北漢軍「墜崖谷死者無算」。劉崇從此「始息意於進取」。〔註 7〕可以說，北漢偏安之局是由劉崇缺乏遠見卓識造成的。

二是驕傲輕敵，招致慘敗

後周與北漢的高平之戰，對雙方都堪稱生死攸關之戰。戰爭伊始，孰勝孰負，誠難預料。在後周方面，軍隊積弊嚴重，戰鬥力並不強；加上郭威剛死，養子柴榮繼位，人情未附，後周大臣多勸其「山陵有日，人心易搖，不宜輕動」，〔註 8〕有利因素十分有限。歷任多朝宰相，富有見識的馮道就因為把握不準勝敗而反對柴榮親征。在北漢方面，遼將楊袞領鐵馬萬騎及奚諸部兵五六萬，加上北漢軍隊 3 萬，有近 10 萬的軍力，不可謂不雄厚。但是，高平之戰卻是以北漢的失敗而告終，究其原因，北漢主劉崇的驕傲輕敵是致敗的主因之一。史載，兩軍遭遇開戰時，後周後續部隊沒有及時趕到，在軍隊數量上處於劣勢，部分後周將士有畏懼情緒。作為北漢軍隊總指揮的劉崇，如果能謹慎從事，聽取屬下正確意見，指揮得當，奪取高平之戰的勝利並非完全沒有可能的；如果北漢取得了高平之戰的勝利，形勢將會發生怎樣的變化，實難預料。劉崇很有可能會像先前的李存勗、李嗣源、石敬瑭、劉知遠那樣，由太原南下，君臨中原，重建劉氏漢家天下。但是，劉崇卻輕敵急躁，錯失了良機，一失足成千古恨！當時，契丹將領楊袞看到後周前鋒軍隊陣營嚴整，規勸劉崇不要輕舉妄動；但劉崇卻看輕了後周的軍隊，認為破後周軍

〔註 6〕《新五代史》卷 50，《王峻傳》。
〔註 7〕《十國春秋》卷 104，《北漢一‧世祖本紀》。
〔註 8〕《資治通鑒》卷 291，第 9502 頁。

不費吹灰之力。陶岳《五代史補》中有一段史料，將劉崇的驕傲輕敵之情狀描寫得維妙維肖：劉崇「睹世宗兵少，悔之，召諸將謀曰：『吾觀周師易與（容易對付）耳，契丹之眾宜勿使，但以本軍決戰，不唯破敵，亦足使契丹見而心服。』諸將皆以爲然，乃使人謂契丹主將曰：『柴氏與吾，主客之勢已見，必不煩足下餘刃，敢請勒兵登高觀之可也。」〔註9〕讓契丹軍袖手觀戰即可。正因爲在劉崇的頭腦中，北漢與後周「主客之勢已見」，認爲北漢已穩操勝券，因此，他再也聽不進臣下奉勸他謹慎從事的意見。當時，南風正盛，不利於北漢軍隊作戰，但劉崇卻聽信司天監李義的話，急於逆風作戰。大臣王得中叩馬進諫，懇請劉崇按兵少待。劉崇不聽，一意孤行，揮軍出戰。戰爭伊始，後周右軍率先崩潰，將領樊愛能、何徽引騎兵先遁。後周軍隊步卒數千人（或曰千餘人）棄甲向北漢軍隊投降。劉崇被一時的勝利衝昏了頭腦，他「張樂飲酒示閒暇」。後周世宗見形勢危急，孤注一擲，親率50騎直衝劉崇的牙帳。劉崇猝不及防，「及其（周世宗）奄到，殊驚惶失次」。主帥陣腳先亂，北漢軍隊士氣受挫；反之，周世宗身先士卒，親冒矢石，令後周將士大受鼓舞，莫不奮勇爭先，以一當百。北漢大將張元徽被周軍所殺。北漢軍隊「由是氣奪」。形勢突變。在此危急關頭，劉崇不像周世宗那樣表現沉著鎮定，身先士卒以激勵士氣，而是「自麾赤幟收軍，軍驟退，不能止，互相蹂躪，遂大敗」；「輜重、器甲、乘輿、服御物皆爲周人所獲」。〔註10〕

　　高平之戰的失敗，對北漢政局影響很大。周世宗得勝後乘勝追擊，直逼太原城下，「旗幟環城四十里」。北漢的汾州、遼州、憲州、嵐州、沁州、忻州、代州先後降周；周軍又攻陷石州。北漢統治已到了崩潰的邊緣。

三是內爭激烈，小人當道

　　北漢統治集團與當時五代諸國統治集團一樣，一旦有一定威望的君主死去，繼位者威望不高，人情未附，統治集團便展開爭權奪利的鬥爭，血雨腥風接踵而來。史載，睿宗劉承鈞死後，養子劉繼恩繼位，是爲北漢少主。少主一即位，與宰相郭無爲的矛盾就很尖銳。少主怨郭無爲在君位繼承問題上沒有明確站在自己的立場上，又恨其專權，對郭無爲外示優禮，而內實疏之。郭無爲自然不會束手待斃，於是策動政變，殺了少主。在議立新君時，平章中書事張昭敏建議擁立劉崇的嫡孫劉繼文，理由是劉繼文「久留契丹，歷險

〔註 9〕《資治通鑑》卷291，第9506頁，胡三省註。
〔註10〕《十國春秋》卷104，《北漢一・世祖本紀》。

危，宜迎立之，可以固宗社，結強援。」〔註11〕這是從北漢統治的大局著想的。封建史家曾說：「昭敏立君之說，洞若觀火，假其言或用，未必非（北）漢福也。」〔註12〕但專權的郭無爲只從自身利益出發，要擁立劉崇之弟劉繼元，因爲劉繼元容易被自己控制。劉繼元得以繼位，是爲北漢最後一帝──英武帝。英武帝繼位後，爲鞏固皇權，「並滅劉氏子孫，無遺類」，〔註13〕以絕後患。

由於英武帝胸無大志，於是，小人得倖，賢能被逐。韓知璠是遼朝的冊封使，他回國後對遼主言及北漢政事，說北漢「庶事多梗，而無輔臣」。〔註14〕北漢統治缺乏得力輔臣，是北漢統治階級內部鬥爭的必然結果：君主、佞臣爲了維護自己的權益，必然要將賢人能人斥逐或誅殺。輒舉數例以證之：據《十國春秋》卷106、卷107列傳載，劉崇有子10人，其中劉鎬、劉錡、劉錫「視諸昆弟最有賢行」，但英武帝「用群小譖，幽之別室，未逾年俱瘐死」；劉繼文是劉崇的嫡孫，「有氣局」，自契丹「歸秉國政，左右害其能，多譖毀之。已而出爲代州刺史」；宰相張昭敏「爲人慨直敢言，不畏強禦」，只因在擁立新君問題上不贊成立劉繼元，結果劉繼元繼位後，張昭敏被殺。張宗訓、鄭進、衛儔「皆睿宗宿將也，累從征伐，有大功。英武帝時，以譖言先後被殺」；高仲曦事英武帝爲樞密使，「亦以中讒，不良死」。斥逐誅殺了賢能，重用的只能是尸位素餐者：郭無爲爲相，從來沒有考慮過北漢的前途問題，一味只著眼於個人的地位利益，當宋師兵圍太原，宋帝答應封其爲安國軍節度使時，郭無爲便千方百計動搖立志守城的太原人心，力勸英武帝投降；宰相李惲「以弈棋沉飲爲務，政事多廢」。〔註15〕北漢依靠這樣的「輔臣」治國，能偏安已屬萬幸！

四是地狹民貧，兵微將寡，難以支持北漢政治、軍事上的發展

北漢建國時，只轄并州（治太原，在今太原市西南）、汾州（治今山西汾陽縣）、忻州（治今山西忻縣）、代州（治今山西代縣）、嵐州（治今山西嵐縣北之嵐城）、憲州（治今山西靜樂縣西南婁煩）、隆州（治今陝西神木縣北）、石州（治今山西離石縣）等10州〔註16〕之地，包括今山西中部和北部，還不

〔註11〕《十國春秋》卷107，《張昭敏傳》。
〔註12〕《十國春秋》卷107，「論曰」。
〔註13〕《十國春秋》卷106，《北漢三·睿宗后郭氏傳》。
〔註14〕《十國春秋》卷105，《英武帝本紀》。
〔註15〕《十國春秋》卷101，《李惲傳》。
〔註16〕《資治通鑑》卷290謂12州。

及後唐的河東全道，由於轄境不廣，又土地貧瘠，人民貧窮，北漢財政收入有限，史載，劉崇因為地狹民貧，「由是不建宗廟，祭祀如家人，宰相月俸止百緡，節度使止三十緡，自餘薄有資給而已，故其國中少廉吏。」〔註17〕為了改變這種窘境，劉崇一方面加重對境內民眾的賦稅征斂，另一方面則急欲攻城掠地，開拓疆土。而加重賦稅征斂又招致境內民眾的逃亡和反抗。當時，北漢「內供軍國，外奉契丹，賦繁役重，民不聊生，逃入（後）周境者甚眾」；未逃離者也心懷怨恨，伺機反抗。高平之戰後，「百姓爭言我國（按，指北漢）賦役過重，願供軍須（需），助攻太原」。〔註18〕這也是中原王朝兵臨城下時，北漢州縣望風迎降的一個重要原因。這嚴重危及了北漢統治的穩定。開拓疆土，又因兵微將寡（北漢只有二三萬軍隊），加之處於攻勢，不僅難逞其功，而且多所敗北，損兵折將。北漢「守成」尚且不易，發展更難！

二

偏安河東一隅的北漢政權竟也維持了將近30年的統治，比之五代時期周邊各國，自然屬於短命王朝；然而比諸統治中原地區、短則數年長則十餘年的五代，則屬「長命」的了。北漢能維持29年統治的原因何在？封建史家謂：北漢劉崇「高平之戰，僅以身免，所不亡者天耳。然則歷四君而卜年三十，嗚呼，夫豈人力也哉！」〔註19〕將北漢在河東割據近30年歸因於「天」助而非「人力」，這是典型的唯心史觀。鄭學檬先生著《五代十國史研究》認為，「這個政權沒有存在的理由，但又存在下來，究其原因，可能有三點：一是劉氏政權自以後漢繼承者相標榜，以維繫劉氏血脈相號召，對一部分後漢遺臣有影響，形成固守一隅的內在力量；二是劉承鈞嗣位後的12年，比較注重政事，『故雖兵戈不息，而境內粗安』；三是契丹的支持與控制。」〔註20〕

契丹的支持是北漢得以維持割據的一個重要條件，這是顯而易見的。北漢自立國之初，就以雄厚的財物結納契丹，以求得契丹的撐腰；每當後周或北宋出兵企圖滅北漢，北漢便向契丹求援；契丹也總是應求而至，迫使後周或北宋退師。而鄭先生所說的第一點，似乎難以找到有力的證據。考諸史實，

〔註17〕 《資治通鑑》卷290，第9454頁。
〔註18〕 《十國春秋》卷104，《北漢一·世祖本紀》。
〔註19〕 《十國春秋》卷104，《北漢一·世祖本紀·論曰》。
〔註20〕 《五代十國史研究》，第15～16頁。

我們發現，在北漢劉氏統治集團中，凝聚力是並不強的，表現在，一旦後周或北宋出兵企圖滅北漢，北漢的守城將吏便紛紛迎降；或者北漢君主身邊的大臣力勸劉氏放棄割據。筆者認爲，使北漢得以維持近 30 年割據的主要條件，除契丹的軍事援助外，還有就是太原城堅難陷以及後周、北宋先南後北的統一戰略給北漢創造了苟安的「和平」環境。

在古代，太原城具有重要的戰略地位。〔註21〕自唐末以來，李克用、李存勖父子、李嗣源、石敬瑭、劉知遠等軍閥先後以太原作根據地，在他們的悉心經營下，太原城被構築得十分堅固，難以攻拔。後周軍隊取得高平之戰勝利後，乘勝攻至太原城下，企圖一舉滅北漢，但「太原城方四十里，周師去城三百步，圍之匝，自四月至於六月，攻之不克」，〔註22〕加之天氣惡劣，久雨不止，後周士卒疲憊生病，士氣低落，只好退師。天會十三年（969）二月，北宋發兵征討太原，宋帝「命築長連城圍之，立砦（寨）於城四面，……又命壅汾、晉二水以灌其城」，但最終還是攻不陷太原城，只好撤軍。廣運六年（北宋太平興國四年，979 年）二月，宋師再次兵圍太原，「進築土城，長圍四合，矢石如雨，晝夜不息」，屢攻仍未能奏效。最後，由於失去外援，加之「親信之臣多亡，城中益危迫」，北漢英武帝見割據再難維持，最後才開門迎降。鑒於太原城「堅而難拔，（宋）太宗隨命毀舊城，以杜尾大患」。〔註23〕另外，由於後周、北宋採取先南後北的統一方略，集中兵力先消滅割據著富饒地區的南方諸國，無暇顧及北漢。後周大臣王樸給周世宗的獻策說：北漢「自高平之敗，力竭氣沮，必未能爲邊患，宜且以爲後圖，俟天下既平，然後伺間，一舉可擒也。」〔註24〕爲世宗接受。天會八年（964），宋帝謀取北漢，宰相趙普認爲「不如俟削平諸邦，太原彈丸黑子之地，將何所避」，〔註25〕也爲宋帝接受。直到太平興國三年（978），漳、泉二州的陳洪進和吳越的錢俶相繼歸附，南方割據政權全被蕩平，次年，979 年，宋太宗才把滅北漢提到議事日程上來。因此，北漢得以在河東割據幾達 30 年。

綜上所述，我們可以得出以下認識：五代時期，北漢局促於河東一隅近30 年，固然是因爲中原地區出現了一個朝氣逢勃的國家——後周（北宋）；

〔註21〕 王振芳《論太原在五代的戰略地位》，載《山西大學學報》1997 年第 3 期。
〔註22〕 《新五代史》卷 70，《東漢世家第十》，第 866 頁。
〔註23〕 《十國春秋》卷 105，《北漢二·英武帝本紀》。
〔註24〕 《資治通鑒》卷 292，第 9526 頁。
〔註25〕 《十國春秋》卷 105，《北漢二·英武帝本紀》。

但亦與北漢的創建者劉崇缺乏遠見卓識，使郭威得以順利建國，以及驕傲輕敵導致關鍵性的高平之戰的失敗有關。這使得劉氏君臨中原重建劉漢天下的宏願只能成爲幻夢；加之北漢後期統治集團內部勾心鬥角，爭權奪利，進小人，退賢良，使北漢統治如日落西山，氣息奄奄，與經過改革後國力大增，氣象一新的後周以及統一了南方的北宋呈截然相反的氣象。北漢能維持割據近 30 年，得益於契丹的軍事援助，太原的城堅難攻以及後周、北宋的先南後北的戰略爲其創造了苟延殘喘的機會。如果北漢統治者能像當時南唐、吳越等南方諸國統治那樣，雖偏安一隅，但勵精圖治，有所作爲，那麼，河東地區經過二三十年時間的治理和發展，也許局勢會更安定，經濟上會更有成就，在史冊上可以留下值得書寫的一筆，不至於使後人產生北漢「政權沒有存在的理由，不得與南方諸國同等看待」〔註 26〕以及北漢「橫征暴役於境內，殺掠騷擾於周境，只能起著破壞的作用」〔註 27〕這樣灰暗的印象了。

引用文獻

〔1〕卞孝萱，鄭學檬，《五代史話》〔M〕，北京：北京出版社，1985 年。

〔2〕陶懋炳，《五代史略》〔M〕，北京：人民出版社，1985 年。

〔3〕歐陽修，《新五代史》〔M〕，北京：中華書局，1974 年。

〔4〕司馬光，《資治通鑒》〔M〕，北京：中華書局，1956 年。

〔5〕吳任臣，《十國春秋》〔M〕，北京：中華書局，1983 年。

〔6〕鄭學檬，《五代十國史研究》，上海：上海人民出版社，1991 年。

〔7〕王振芳，《論太原在五代的戰略地位》〔J〕。山西大學學報，1997 年，
（3）：79～84。

〔註 26〕《五代史話》，第 13 頁。
〔註 27〕《五代史略》，第 261 頁。

四十二、後唐對蜀戰爭淺析

摘　要

　　五代史上，後唐王朝曾兩度對蜀用兵。第一次用兵，僅用 70 日即滅亡了前蜀國；第二次用兵，費時半年，卻是無功而返。作者認爲：前蜀後主王衍的昏憒腐敗，導致眾叛親離，軍無鬥志，以及後唐軍隊貫徹了速戰速決的戰略方針和採取了攻戰與招撫相結合的戰術，這是後唐第一次對蜀用兵進軍神速之原因；而董璋、孟知祥聯軍的強大以及後唐軍隊戰略上的錯誤、糧餉轉輸的困難、個別將領的輕敵，則是後唐第二次對蜀用兵失敗的根源。

　　關鍵詞：後唐軍隊；川蜀；王衍；孟知祥

　　五代時期，後唐曾兩度對蜀用兵。第一次在同光三年（925 年），這次戰爭以迅雷不及掩耳之勢一舉滅亡了王氏前蜀政權。第二次在長興元年（930 年），但這次戰爭卻以失敗告終。後唐兩次對蜀用兵，一勝一敗形成了鮮明的對比，其勝敗原因何在？

一

　　經過了長期戰爭才得以創建的後唐王朝，立國後，面臨的是經濟凋弊，民不聊生，社會滿目瘡痍的衰敗景象。為了維護統治，後唐莊宗急欲進一步拓展疆域，開闢財源；而川蜀地區因為有天然屏障的阻隔，在唐末五代時期戰爭較少，經濟發展，財富盈積。因此，莊宗決定先向前蜀國開刀。

　　同光三年九月十日，莊宗下制書伐蜀，命魏王李繼岌為都統，樞密使郭崇韜為行營都招討。一切準備就緒，魏王統闕下諸軍 6 萬離首都洛陽，向川蜀進軍。這次伐蜀戰爭進展得非常順利。後唐軍隊自九月戊申（十八日）出發，至十一月丁巳（二十八日）滅前蜀，前後凡 70 日，戰果輝煌：「得節度十，州六十四，縣二百四十九，兵三萬，鎧仗、錢糧、金銀、繒綿共以千萬計。」〔註1〕

　　後唐對前蜀用兵之初，前蜀天雄節度副使安重霸曾揚言：「蜀中精兵十萬，天下險固，（後）唐兵雖勇，安能直度劍門邪！」〔註2〕但事實上，擁有雄厚兵力以及山川險阻的前蜀國，卻是不堪一擊。後唐軍隊進軍神速，前蜀國須臾而亡，這其中的奧秘是什麼？

　　從前蜀方面而言，蜀主王衍昏憒腐敗，使朝野人心離散，軍無鬥志，這是前蜀軍隊形同虛設的主要原因。

　　王衍即位（918 年）之初，就大肆賣官鬻爵：「自刺史以下，每一官闕（缺），必數人並爭，而入錢多者得之；（官員）通都大邑起邸店，以奪民利。」〔註3〕賣官鬻爵的結果自然是吏治的敗壞。與此同時，王衍還是個荒淫奢侈之君：「（王）衍年少荒淫，委其政於宦者宋光嗣、宋光葆、景潤澄、王承休、歐陽晃、田魯儔等；以韓昭、潘在迎、顧在珣、嚴旭等為狎客；起宣華苑，有重光、太清、延昌、會真之殿，清和、迎仙之宮，降真、蓬萊、丹霞之亭，飛

<hr>

〔註1〕　《資治通鑒》卷 274，後唐紀三。
〔註2〕　《資治通鑒》卷 273，後唐紀二。
〔註3〕　《新五代史》卷 63，前蜀世家第三。

鸞之閣，瑞獸之門；又作怡神亭，與諸狎客、婦人日夜酣飲其中。」嘉王宗壽曾「以社稷為言，言發泣涕」，但被圍在王衍身邊的一群奸臣狎客的嘲謔之聲掩沒。王衍依然對國事漠不關心，一心一意只想著及時行樂。乾德二年（920年）冬，王衍「北巡，至於西縣，旌旗戈甲，連亙百餘里。其還也，自閬州浮江而上，龍舟畫舸，照耀江水，所在供億，人不堪命。」〔註4〕後唐建立（923年）後，前蜀東川節度使宋承葆曾向王衍獻防禦之計，說：「（後）唐國兵強，不早為謀，後將焉救？請於嘉州沿江造戰艦五百艘，募水軍五千，自江下峽；臣以東師出襄、鄧，水陸俱進，東北沿邊，嚴兵據險，南師出江陵，利則進取，否則退保硤口。又選三蜀驍壯三萬，急攻岐、雍，東據河、潼，北招契丹，啖以美利，見可則進，否則據散關以固吾圉，事縱不捷，亦攻敵人之心矣。」但王衍只當耳邊風吹過。〔註5〕

在後唐出師伐蜀之際，王衍正忙著遊山玩水呢！「蜀主與太后、太妃遊青城山，歷丈人觀、上清宮，遂至彭州陽平化、漢州三學山而還」。前秦州節度使蒲禹卿上表近二千言，將歷史與現實相結合，對蜀主王衍作苦口婆心的規勸，希望他能吸取「秦皇東狩，鑾駕不還，煬帝南巡，龍舟不返」的歷史教訓，並指出，雖然「蜀都強盛，雄視鄰邦」，「邊庭無烽火之虞」，但蜀國並非天下太平，「境內有腹心之疾，百姓失業，盜賊公行」，總之，蜀國「山河險固，不足憑恃」。但朝中大臣的所有諍諫都沒能使蜀主迴心轉意。〔註6〕

王衍引兵數萬離開成都，至漢州（今四川廣漢縣），武興節度使王承捷向他報告了後唐出師伐蜀。但「蜀主以為群臣同謀沮己，猶不信，大言曰：『吾方欲耀武。』遂東行。在道與群臣賦詩，殊不為意。」〔註7〕直至到了利州（今四川廣元縣），前線敗兵奔還，王衍才肯相信後唐伐蜀的事實，匆忙任命隨駕清道指揮使王宗勳、王宗儼、兼侍中王宗昱為三招討，將兵三萬逆戰。但從駕兵「皆怨憤」，毫無鬥志。結果，在三泉，蜀軍一觸即潰。王衍又命中書令、判六軍諸衛事王宗弼將大軍守利州，自己帶領隨行官員倉皇西走，並且毀壞桔柏津浮橋，以為這樣就可以阻擋後唐軍隊進軍的步伐。王宗弼無志為昏君守禦賣命，後唐軍隊未到，他即率軍而逃；預料到不為蜀主所宥，逃回成都後，王宗弼先發制人，發動叛亂，囚禁蜀主，將內庫金帛全部搬回自己家中，

〔註4〕《新五代史》卷63，前蜀世家第三。
〔註5〕《舊五代史》卷136，僭偽列傳第三。
〔註6〕《資治通鑑》卷273，後唐紀二。
〔註7〕《資治通鑑》卷273，後唐紀二。

自稱權西川兵馬留後。為了維護自己的地位及既得利益，免致為蜀主秋後算帳，蜀軍統帥王宗弼最後乾脆向後唐軍舉旗迎降，以圖求得後唐的庇護。

總之，蜀後主王衍的昏憒腐敗，不僅造成了大臣的離心離德，也使他的統治得不到民眾和軍隊的支持。在這次後唐對蜀戰爭中，後唐軍隊所到之處，蜀守將不是棄城而走，就是不戰而降；有些守將還積極協助後唐軍隊對蜀的攻戰，如興州都指揮使程奉璉，投降後唐軍隊後，「且請先治橋棧以俟（後）唐軍。」〔註8〕後來，割據川蜀建立後蜀政權的孟知祥曾總結王衍亡國的教訓，對左右說：「（假）使（王）衍不荒於政，有賢臣輔之，繼岌小子，豈能遽至此邪！」〔註9〕這話是很有道理的。

從後唐方面而言，其軍隊在對蜀作戰中所以能夠進軍神速，一是軍隊貫徹了速戰速決的正確的戰略方針；二是注意了攻戰與招降相結合。

後唐軍隊伐蜀，孤軍深入，糧草轉輸困難。在這種情況下，只能採取速戰速決的戰略方針。在戰爭中，後唐軍隊是很好地貫徹了這一戰略方針的。進軍之初，後唐軍隊有些將領認為，蜀地險固，未可長驅直進，主張「按兵觀釁」，徐圖進取。參與都統軍機的翰林學士李愚認為：「蜀人苦其主荒淫，莫為之用。宜乘其人心崩離，風驅霆擊，彼皆破膽，雖有險阻，誰與守之！」〔註10〕反對緩兵之議。後唐軍隊接受了李愚的這一建議，疾速進軍，連戰皆捷。李紹琛（康延孝）統率的後唐前鋒軍進至綿州（今四川綿陽縣東），蜀軍已切斷綿江浮橋。綿江水深，無舟楫可渡，怎麼辦？李紹琛對副將李嚴說：「吾懸軍深入，利在速戰，乘蜀人破膽之時，但得百騎過鹿頭關，彼且迎降不暇；若俟修繕橋梁，必留數日，或教王衍緊閉近關，折吾兵勢，倘遷延旬浹，則勝負未可知矣。」〔註11〕於是指揮前鋒軍乘馬渡河，過江者僅千人，溺死者千餘人。這樣，後唐軍迅速渡過鹿頭關（今四川德陽縣東北鹿頭山上），接著進據漢州，威震敵膽。

後唐軍隊在進軍川蜀過程中，並不完全迷信武力，而是很注重「不戰而屈人之兵」（孫子語），即通過攻心招降令敵軍放棄抵抗而投降，後唐前鋒軍攻克秦州（今甘肅秦安縣西北）時，將領李紹琛「縱其敗兵萬餘人逸去」，目

〔註8〕《資治通鑒》卷273，後唐紀二。
〔註9〕《十國春秋》卷48，後蜀一。
〔註10〕《資治通鑒》卷273，後唐紀二。
〔註11〕《資治通鑒》卷274，後唐紀三。

的是讓敗兵將後唐軍隊攻佔秦州的消息告知前方敵守軍，使其軍心動搖；同時，副將李嚴又「飛書以諭」鳳州守將王承捷。這一招果然奏效。第二天，蜀武興節度使王承捷就不戰而降，後唐軍隊連得鳳、興、文、扶四州。後唐軍隊取得三泉之捷後，接著進攻利州。蜀武德留後宋光葆遺書後唐軍主帥郭崇韜，表示「請唐兵不入境，當奉巡屬內附；苟不如約，則背城決戰以報本朝。」郭崇韜「復書撫納之」，同意宋光葆的請求。結果，宋光葆亦信守諾言，以梓、綿、龍、普五州歸降。受宋光葆的影響，武定節度使王承肇以洋、蓬、壁三州歸降；山南節度使王宗威以梁、開、通、渠、麟五州歸降；階州刺史王承岳以階州降；「自餘城鎮皆望風款附」。〔註12〕蜀後主令王宗弼守利州，郭崇韜亦曾遺王宗弼等書，曉以利害。其後王宗弼沒有堅守利州，並與三招討合謀送款於後唐軍，不能說郭崇韜給他的招降書信沒有起到作用。後唐軍前鋒至漢州，王宗弼遣使以幣馬牛酒犒勞後唐軍，且致書李嚴，表示「公來吾即降」當時有將領不贊成李嚴前去招撫，說：「公首建伐蜀之策，蜀人怨公深入骨髓，不可往。」但李嚴將個人安危置之度外，「欣然馳入成都，撫諭吏民，告以大軍繼至，蜀君臣後宮皆慟哭。」〔註13〕前蜀至此亡國。

二

後唐滅了前蜀，任命參與伐蜀戰爭的將領董璋爲東川節度使；任命北都留守孟知祥爲西川節度使。

但是，滅前蜀後，後唐國內接連發生了一連串的變故：先是在莊宗縱容下得以專權的宦官、伶人合謀誅殺了平蜀副帥（實爲主帥）、功臣郭崇韜，導致後唐伐蜀軍隊發生變亂；緊接著，反對莊宗腐敗統治的軍事叛亂各地都有發生，甚至在莊宗的肘腋之下也發生了禁軍之亂，莊宗被禁軍射殺。後唐大將李嗣源在變亂中奪得皇權，是爲後唐明宗。明宗即位後，叛亂仍在延續。後唐中央集權大爲削弱，在這種情況下，鎮守川蜀的董璋、孟知祥便不約而同地產生了割據川蜀以稱雄的野心。朝廷要調運川蜀財賦入京，他們找藉口拒不執行；未經中央允許，他們就在川蜀大肆招兵買馬，擴充實力。總之，有種種迹象表明了他們要脫離中央，爲主一方。

後唐朝廷鑒於董璋、孟知祥在川蜀皆據險要，擁強兵，恐日久難制，於是

〔註12〕《資治通鑑》卷273，後唐紀二。
〔註13〕《資治通鑑》卷274，後唐紀三。

逐步採取措施以監督、削弱之。先是以客省使、泗州防禦使李嚴為西川都監，以文思使朱弘昭為東川副使，對東、西川二藩帥進行監督。但結果是李嚴被孟知祥執殺；朱弘昭畏懼逃回。一招不靈，朝廷又出新招：逐步從東、西川中劃出區域，任命忠於朝廷或與董、孟二帥有矛盾的將領率兵鎮守，先後任命李仁矩鎮閬州（今四川閬中縣），為保寧軍節度使；武虔裕鎮綿州（今四川綿陽縣東），為綿州刺史；夏魯奇鎮遂州（今四川遂寧縣），為武信軍節度使。每除守將，都以精兵為其牙隊，多者二三千，少者不下五百人，以備緩急。後唐朝廷想通過這種方法，一來削減董、孟二藩地盤，從而削弱其勢力；二來可以將董、孟二帥置於中央軍隊的監控之下，對其造成威脅，令其收斂割據野心；即使未能如願，亦可便於日後中央軍隊裏應外合地鎮壓叛亂，鏟平割據。「由是（董）璋與（孟）知祥皆懼，以為（後）唐將致討。」〔註14〕明宗長興元年（930 年）六月，董璋遣兵進攻遂州、閬州的朝廷軍隊，率先舉起了反叛的旗幟。九月，孟知祥亦舉兵回應。

面對董、孟的反叛，後唐朝廷決定興師討伐，以天雄節度使石敬瑭為東川行營都招討使，以夏魯奇為副使；以右武衛上將軍王思同為西都留守兼行營馬步都虞候，為伐蜀前鋒。這次伐蜀，後唐出兵多少，諸史均無明載。

後唐軍隊入散關，因為董璋已派兵把守劍門（一名劍閣，即今四川劍閣縣東北的劍門關，其關地勢險要，為古代戍守要地），難以正而攻取，故後唐軍隊繞道劍門之南，自白衛嶺人頭山後過，迂回襲擊劍門關，克之，殺東川兵 3000 人，得據而守之。接著，後唐軍又迅速攻破劍州（今四川劍閣縣），只因後續部隊未到，前鋒軍焚其廬舍，取其資糧，還保劍門。此後，後唐軍與叛軍就處於膠著狀態，要攻取戰勝萬分艱難。至次年二月，後唐軍隊鑒於糧草轉輸困難，閬州、遂州等又已被叛軍攻克，失去了內應，平叛戰爭取勝的希望不大，遂決定班師。

後唐第二次對蜀之戰之所以失敗，筆者認為，原因有以下數端：

一、叛帥孟知祥、董璋在川蜀維持治安，撫慰人心，積聚錢糧，加強武備，又攜手合作，以逸待勞，在軍事實力和形勢上都佔據了優勢。

茲僅以孟知祥在西川的作為為例剖析之。

後唐滅前蜀後，蜀中局勢十分混亂，「時成都雖下，而蜀中盜賊群起，

〔註14〕《新五代史》卷 64，後蜀世家第四。

布滿山林」。孟知祥到成都後，首先著手解決這個問題。他「擇廉吏使治州縣，蠲除橫賦，安集流散，下寬大之令，與民更始。」對於不受招安的「群盜」，則分兵搜捕誅戮，著意創造一個安定的社會環境和政治局而。同時，孟知祥還很重視對民心的爭取。他「慰撫吏民，犒賜將卒，（使）去留帖然」。〔註15〕

　　雄厚的實力是軍隊致勝的基本條件之一，也是建立割據政權必不可少的前提之一。孟知祥深明此理。因此，擴充實力就成爲他入蜀後所作的一項重要工作。後唐滅前蜀後，郭崇韜將前蜀騎兵分爲左、右驍衛等 6 營，凡 3000 人；將步兵分爲左右寧遠等 20 營，凡 24000 人。經過改編的這兩個系統的蜀軍，相當一部分自然成爲了孟知祥屬下之軍。以後，孟知祥又增置左、右衝山等 6 營，凡 6000 人，營於羅城內外；又置義寧等 20 營，凡 16000 人，分戍管內州縣；又置左、右牢城 4 營，凡 4000 人，分戍成都境內；又置左、右飛棹兵 6 營，凡 6000 人，分戍濱江諸州，習水戰以備夔、峽。此外，孟知祥還建立了一支親兵部隊，置左、右牙等兵 16 營，16000 人，營於牙城內外。〔註16〕在幾年之內，孟知祥就擁有了近 10 萬的軍隊。〔註17〕在積聚了雄厚的軍事力量的基礎上，孟知祥還加強了西川地區的防禦。天成二年（927 年）十二月，孟知祥就發動民丁 20 萬修築成都城；同時分兵把守各險要之處。

　　爲了維持這支龐大的軍隊，支持日後要開展的割據事業，孟知祥竭力積蓄錢糧。明宗天成元年（926 年）十月，後唐朝廷任命鹽鐵判官、太僕卿趙季良爲三川都制置轉運使，想將川蜀財賦轉輸朝廷。但孟知祥只允許轉輸府庫原有的財物，不允許徵收、轉輸州縣租稅。〔註18〕先是，西川常發芻糧饋峽路，孟知祥爲了增強割據的物質基礎，違抗朝命，強行將這些芻糧截留不發。此外，孟知祥還在漢州置三場重徵鹽稅，「歲得錢七萬緡」；〔註19〕其後又迫使後唐朝廷許割雲安（今四川雲陽縣）等 13 鹽監隸西川，更獲利無算。

　　與孟知祥同，董璋在東川也積極地積蓄錢糧，發展勢力，「廩藏充實，部

〔註15〕《資治通鑑》卷 274，後唐紀三。

〔註16〕《資治通鑑》卷 275，後唐紀四。

〔註17〕關於孟知祥軍隊的人數，《十國春秋》卷第 48「後蜀」記爲 20 餘萬；《新五代史》卷 64「後蜀世家第四」記爲 7 萬。從《資治通鑑》卷 275 所載孟知祥曾對朝廷使者說「州縣租稅，以贍鎮兵十萬，決不可得」語，可知《新五代史》的記載可信。

〔註18〕《資治通鑑》卷 275，後唐紀四。

〔註19〕《資治通鑑》卷 276 ，後唐紀五。

下多敢死之士」。〔註20〕

　　在後唐朝廷興兵征討之際，原來存在著矛盾的孟知祥與董璋爲了共同的利益聯合起來對抗朝廷。孟、董聯軍合計有 20 多萬。〔註21〕與此相反，後唐軍隊的力量則顯得十分薄弱。雖然史書沒有明確記載後唐第二次對蜀戰爭調動了多少軍隊，但從莊宗發動的第一次對蜀戰爭出兵 6 萬，以及明宗發動對荊南高季興的征討出兵 4 萬，可知這第二次伐蜀所調動的軍隊，也不過是幾萬，與叛軍的兵力對比相差懸殊；加上董、孟早已分兵把守川蜀各險要之處，以逸待勞，這就使得後唐軍隊想取得第二次伐蜀之戰的勝利十分艱難。

二、後唐軍隊攻佔劍州後輕易放棄，犯了戰略上的錯誤

　　戰爭的勝敗當然不全由兵力的多少來決定；戰略決策的正確與否亦是一個重要的決定因素。戰略方針正確，有時候是可以以少勝多的。而後唐軍隊在這次伐蜀戰爭中，偏偏又犯了戰略上的錯誤。

　　劍門關與劍州可以看作是川蜀的兩道關鍵的門戶。因此，當獲悉後唐軍攻取了劍門關，孟知祥就「大懼」；孟知祥的屬將龐福成、謝惶聞劍門關失守，亦相謂曰：「使北軍更得劍州，則二蜀勢危矣」。〔註22〕但後唐軍卻沒有認識到這一關一州的戰略意義，在攻克劍州後，因後續大軍未至，即無堅守之志，終於經不起叛軍一擊，空營遁去，退守劍門關，十餘日不敢出戰。叛軍奪回劍州後，孟知祥心中的憂慮才得以化解。他對將佐們說：「吾始謂弘贄（後唐將領）等克劍門，徑據劍州，堅守其城，或引兵直趣（趨）梓州，董公（璋）必閬州奔還；我軍失援，亦須解遂州之圍。如此則內外受敵，兩川震動，勢可憂慮；今乃焚毀劍州，運糧東歸劍門，頓兵不進，吾事濟矣。」〔註23〕可見，後唐軍的戰略失誤，爲叛軍的存在創造了機遇。

三、官軍糧草轉輸艱難

　　俗話說，兵馬未動，糧草先行，說明了糧餉對於軍隊的進行、作戰至關重要。由於入蜀之道崎嶇險峻，因此，不僅官軍進軍困難，糧草轉輸更困難。《新五代史》卷六四載：「是時，（後）唐軍涉險，以餉道爲艱，自潼關以西，

〔註20〕《舊五代史》卷 62 董璋傳注引《九國志趙廷隱傳》。

〔註21〕《十國春秋》卷 48「後蜀一」記：「東川點檢馬步軍十五萬」。

〔註22〕《資治通鑒》卷 277，後唐紀六。

〔註23〕《資治通鑒》卷 277，後唐紀六。

民苦轉輸，每費一石不能致一斗，道路嗟怨。」後來樞密使安重誨自請往前線督戰，希望能振作軍威，「錢帛、芻糧晝夜輦運赴利州」，結果，「人畜斃踣於山谷者不可勝紀」。〔註24〕西川節度副使趙季良亦早已預料到官軍不可能越過綿州，後果如其言。孟知祥問其根據，趙答曰：「我逸彼勞，彼懸軍千里，糧盡，能無遁乎！」〔註25〕

四、個別官軍將領的驕傲輕敵

董璋東川兵攻閬州時，閬州官軍諸將都認為：「董璋久蓄反謀，以金帛啖其卒，銳氣不可當，宜深溝高壘以挫之，不過旬日，大軍至，賊自走矣。」但主將李仁矩卻驕傲輕敵，說：「蜀兵懦弱，安能當我精卒！」不採納將佐的堅守之計，而貿然離城出戰，結果「兵未交而潰歸」，終於被董璋叛軍攻克閬州，李仁矩也被殺身滅族。〔註26〕俗語云「千里之堤決於蟻穴」。閬州的失守，嚴重影響了其他州鎮官軍的士氣，為叛軍的攻取創造了有利條件。例如，叛將李仁罕圍遂州，夏魯奇遣馬軍都指揮使康文通出戰，結果，「文通聞閬州陷，遂以其眾降於仁罕。」〔註27〕後來，後唐征討大軍主帥石敬瑭鑒於糧餉轉輸困難，又見閬州、遂州失陷，亦失去了繼續進軍的信心，終於決定班師。

〔註24〕《資治通鑑》卷277，後唐紀六。
〔註25〕《資治通鑑》卷277，後唐紀六。
〔註26〕《資治通鑑》卷277，後唐紀六。
〔註27〕《資治通鑑》卷277，後唐紀六。

四十三、五代後漢速亡探因

摘　要

　　後漢是中國歷史上最短命的封建王朝，只維持了 4 年的統治。劉知遠早死，隱帝年少繼位，宮廷血案的發生，郭威稱兵向闕是後漢速亡的偶然因素；而統治階級內爭激烈，階級矛盾尖銳則是後漢速亡的必然因素。

　　關鍵詞：五代；後漢；郭威；隱帝

　　五代歷史，在中國古代史的研究中，是個薄弱環節；而五代之中第四個封建王朝——後漢，在學術研究中更是一個空白。究其原因，在於後漢在中原地區只維持了 4 年統治，這在中國歷史上，論國祚之短促，是絕無僅有的。4 年之中，後漢國內亂象紛紜，弊政諸多，在一些學者看來，是一無是處，沒有研究探討的意義。其實，俗語說：前車之覆，後車之鑒。後漢的速亡，爲後周統治創造了契機。後周是五代史上較有作爲的一個封建王朝。後周太祖郭威及世宗柴榮的一系列改革，不僅對宋代歷史，而且在中國歷史上也影響深遠；而後周的改革，仔細品味，許多內容正是從導致後漢速亡的弊政中吸取教訓而獲得啟迪的。例如，後漢重武輕文，以武將掌軍政大權，是其速亡原因之一，後周則重視文人的作用，以文士爲樞密使；至宋代，則形成重文輕武政策，等等。由此可見，對後漢速亡問題加以研究，對於我們全面、深刻地理解五代及其以後的歷史，是有意義的。

一、曇花一現的後漢統治

　　後晉開運元年（944 年）正月，原來依附於契丹的後晉與契丹交惡。契丹軍傾國南下。後晉進入了全面抗戰。經過 3 年整的艱苦奮戰，由於擁有重兵的杜重威、張彥澤等晉將的變節，向契丹投誠，企圖借助契丹的扶持做中原新帝，後晉終於在開運四年（947 年）正月被契丹所滅。

　　契丹既滅後晉，契丹主耶律德光企圖入主中原。二月，「契丹主具漢法服，御崇元殿受朝（賀），制改晉國爲大遼國，大赦天下，（年）號會同十年」，〔註 1〕時任北京（太原）留守、河東節度使兼北面行營都統，受封北平王的劉知遠，一度向契丹稱臣，後見契丹進入中原之後，因爲大肆搜刮財物，招致各地民眾群起反抗，無法立足，不得不倉皇北撤，他「知契丹政亂，乃議建號焉」。劉知遠看到了契丹北撤之後，中原無主，而自己擁有雄厚實力，正是稱帝建國千載難逢之機。劉知遠的一些文武將吏也有共識，他們「以中原無主，帝（劉知遠）威望日隆，群情所屬，上箋勸進」，〔註 2〕文武將吏實質上是希望借助劉知遠建國稱帝而成爲新朝顯貴，以獲取更大的政治、經濟利益。於是，劉知遠在太原即皇帝位，將後晉開運四年改稱天福十二年，以後晉石敬瑭後繼者自居，以爭取契丹和各路軍閥的支持，同時派遣使者四出

〔註 1〕《舊五代史》卷 99，《高祖紀上》。
〔註 2〕《舊五代史》卷 99，《高祖紀上》。

告諭登極，運用征討與招撫兩手，以擴大統治版圖。五月，劉知遠進軍東京（洛陽），以東京為首都（後移都開封），定國號為「漢」，史稱後漢。

劉知遠的建號稱帝，是充分利用了當時契丹滅後晉，中原無主，社會混亂，人心渴望新君出現這一有利的時機，即史家所謂「在昔皇天降禍，諸夏無君，漢高祖（劉知遠）肇起並汾，湍（快速）臨汴、洛，乘虛而取神器，因亂而有帝圖」。〔註3〕

後漢建立之始，各方面的形勢都較為有利。首先，從軍事方面看，劉知遠佔據著具有重要戰略地位的晉陽（太原），又擁有雄厚的軍事實力，軍事征討節節勝利；劉知遠稱帝，不僅得到其所統屬的將士一致的支持，也得到許多不相統屬的大小軍事力量的支持。因此，後晉末年陷於契丹的北方州縣，望風披靡，紛紛歸附後漢。其次，契丹傾國南下，3年苦戰，損耗嚴重，加之契丹主耶律德光在北撤途中死去，契丹內部統治集團爭權奪利，矛盾重重，新任契丹主兀欲「荒於酒色，輕慢諸酋長，由是國人不附，諸部數叛，興兵誅討，故數年之間，不暇南寇」。〔註4〕這無疑有利於後漢新王朝的鞏固和發展。再次，劉知遠稱帝後，頒佈詔令，採取一些穩定社會秩序的措施，如「詔諭以受契丹補署者皆勿自疑，聚其告牒而焚之」，明示「凡契丹所除節度使，下至將吏，各安職任，不復變更」，打消了眾多曾受契丹委任的大小官吏的疑慮，爭取他們棄暗投明，為新的後漢王朝效勞；同時詔告各地：「諸道為契丹括率錢帛者，皆罷之」；契丹南下滅後晉後，在中原地區瘋狂搜刮民財，民眾逃竄於山谷，劉知遠又「遣使以詔書安集農民保聚山谷避契丹之患者」，〔註5〕這些措施有利於爭取民眾的回歸和支持。

但是，後漢自建立伊始，叛亂就接踵而起，平叛成了後漢王朝的當務之急。首先是降將杜重威叛亂。這年閏七月，杜重威據鄴都（今河南安陽市）反叛；至十一月，經過近半年的攻討，才最終將叛亂平定。

乾祐元年（948年）正月，劉知遠病死。劉知遠次子劉承祐繼位，是為後漢隱帝。隱帝繼位是後漢統治由「盛」較衰的一個轉捩點：一方面是後漢統治集團內部爭權奪利的鬥爭日趨激烈，以致最終釀成宮廷血案；另一方面是一些擁有一定實力的地方將帥謀求獨立而相繼發動叛亂。

〔註3〕 《舊五代史》卷100，「史臣曰」。
〔註4〕 《資治通鑑》卷287。
〔註5〕 《資治通鑑》卷286。

　　乾祐元年三月，河中（治所在今山西永濟縣西蒲州鎮）節度使李守貞反叛。接著，趙思綰據永興（今西安）叛；王景崇據鳳翔（今陝西鳳翔縣）叛。三股反叛勢力勾結起來，史稱「三叛連衡」。後漢朝廷相繼調兵遣將進行平叛。但由於諸將不能同心協力，使平叛戰爭歷經數月而無功。八月，後漢任命樞密使郭威赴河中府軍前，詔河府、永興、鳳翔行營諸軍，統一受郭威節制。至乾祐三年正月，歷時近兩年，後漢官軍才最終平定「三叛連衡」。

　　乾祐二年十月，契丹乘後漢忙於內戰，發兵南侵，殺掠吏民，「數州之地，大被其苦，藩郡守將，閉關自固」。後漢以樞密使郭威爲鄴都留守、天雄節度使，率師禦邊。

　　乾祐三年十一月，後漢宮廷突發變亂：「是日（丙子）平旦，甲士數十人由廣政殿出，至東廡，害（揚）邠等於閣內，皆死於亂刃之下。」這場由後漢隱帝與近習謀劃的變亂，將當時掌握著後漢統治大權的樞密使楊邠、侍衛都指揮使史弘肇、三司使王章等宰執大臣一併誅殺，並殘酷地「夷其族」；接著傳密詔至澶州、鄴都，令地方將帥誅殺郭威、王殷、王峻等諸軍將校。〔註6〕後漢隱帝以爲誅殺了這些「功高振主」的將帥，旁落的皇權就可以重回手中，後漢就可以長治久安了；但事與願違。郭威爭取了眾將領的支持，以「除君側之惡，共安天下」爲名，興兵犯闕，很快攻陷京師。後漢隱帝被弒。終於，郭威上演了一齣「禪讓」把戲，把後漢統治權篡奪過來。廣順元年（951年）郭威即皇帝位，建立後周政權。後漢只維持了4年的統治，國祚之短促堪稱中國古代歷史之最，正如封建史家所言：「自古覆宗絕祀之速者，未有如帝（隱帝）之甚也」。〔註7〕

　　後漢速亡的原因何在？封建時代的史家已開始思考探索這個問題。薛居正從後漢創立者劉知遠身上去檢討，認爲「帝（劉知遠）昔蒞戎藩，素虧物望，洎（到，至）登宸極（皇位），未厭（服）人心，徒矜拯溺之功，莫契（投合）來蘇之望。良以急於止殺，不暇崇仁。燕薊降師，既連營而受戮，鄴臺叛帥，因閉壘以偷生。蓋撫御乖方，俾征伐之不息。及回鑾輅，尋墮烏號，故雖有應運之名，而未睹爲君之德也」。〔註8〕意思是說：劉知遠在作爲藩鎮節帥之時，名聲就不佳，及至稱帝登基，又未能令上下心悅誠服；一味居功

〔註6〕《舊五代史》卷103，《隱帝紀下》。
〔註7〕《舊五代史》卷103，「史臣曰」。
〔註8〕《舊五代史》卷100，「史臣曰」。

自傲，卻未採取有效措施招集流散，恢復生產，爭取民心；相反，以劉知遠為首的後漢統治集團卻以嚴刑酷法為治國手段，而不懂得施行仁政的意義，一些投降歸順的軍隊因為受猜疑而遭殘忍殺戮，而一些頑固反抗者卻反而得到寬恕，由於撫御失道，使反叛此起彼伏，令後漢官軍征討不息；待到把叛亂徹底平定，後漢王朝也隨之而亡了，劉知遠雖有「應運」之名，但無為君應有的仁義之美德，其建立之後漢王朝國祚短促是理所當然的。司馬光也持相同意見，認為「（後）漢高祖殺幽州無辜千五百人，非仁也；誘張璉而誅之，非信也；杜重威罪大而赦之，非刑也。仁以合眾，信以行令，刑以懲奸；失此三者，何以守國！其祚運之不延也，宜哉！」〔註9〕薛居正、司馬光對問題的看法不能說全沒道理；畢竟，後漢的一些叛亂確實與劉知遠殘忍、多疑、不守信用等本性有關，而叛亂又是後漢速亡的一個重要原因；但筆者認為，將國家命運完全寄託於最高統治者，這是英雄史觀的體現。也有史家著眼於後漢第二代君主及後漢統治集團，認為「隱帝以沖幼之年，嗣新造之業。受命之主，德非禹湯；輔政之臣，復非伊呂。將欲保延洪之運，守不拔之基，固不可得也。」〔註10〕這一觀點儘管仍未擺脫英雄史觀的羈絆，但畢竟認識到了後漢的速亡是其君臣庸碌，政治敗壞的結果。現代史家運用馬克思主義階級分析法，認識到了後漢的速亡原因是多方面的，而尖銳的階級矛盾是主要的原因，如卞孝萱、鄭學檬認為：「後漢王朝是在激烈的民族矛盾中建立，又在激烈的階級矛盾中滅亡的。劉知遠撫御失度，征伐不息，劉承祐以少年嗣位，將相互相殘殺，三叛起於關西，遍地飢饉，民不聊生，其亡也速。」〔註11〕陶懋炳也認為：後漢建立後，「當時的時代任務，不外是安定百姓，恢復生產，積蓄力量，抗禦遼朝侵掠，完成統一大業。後漢朝廷的所作所為，恰恰與此不相適應。要想久存，顯然是不可能的。」〔註12〕現代史家的觀點顯然比封建史家的觀點更深刻、更科學。筆者認為，確切一點說，後漢的速亡，有其偶然因素，也有其必然因素。偶然因素是作為創建者的劉知遠的早死，未能穩定大局，作為繼承者的劉承祐又年幼無知，缺乏威信和凝聚力，反之，大將郭威在平叛及禦邊中樹立了崇高的個人威望，贏得了人心，使其得以利用「內難」的契機，輕易篡奪了後漢政權；而必然因素則是後漢統治

〔註 9〕《資治通鑒》卷287。
〔註10〕《舊五代史》卷103，「史臣曰」。
〔註11〕《五代史話》，第4頁。
〔註12〕《五代史略》，第251頁。

集團內爭激烈，內耗嚴重，加之嚴刑峻法，吏治敗壞，賦役繁重，使民不聊生，階級矛盾異常尖銳，被稱為「盜」、「賊」的民眾的反抗鬥爭風起雲湧，使後漢統治難以維持。換言之，即使後漢不發生「內難」，為郭威篡權開創了契機，後漢也必然會在民眾的反抗鬥爭中走向崩潰，逃脫不了速亡的命運。

二、後漢速亡的偶然因素

　　唯物史觀認為，歷史的「必然性」決定著歷史發展的趨勢或結局；而歷史的「偶然性」對於歷史面貌的變化又有重要的影響。

　　五代時期，戰爭頻仍，「禮崩樂壞」。封建的禮教思想、中央集權的封建制度已趨於崩潰。這是一個尚武的時代，用當時軍閥之一的安重榮的話說：「天子寧有種耶？兵強馬壯者為之耳！」。因此，統治中原的五代，其國祚之短長，與第一代君主在位時間之短長，有著密切的關係。一般而言，第一代君主因為擁有較高的威望，有凝聚力，得眾將支持，其統治也尚能維持穩定；及至第二代或第三代，由於後繼者功名不著，威望缺乏，皇位便為手握重兵的將領所覬覦，於是叛亂或動亂便發生，改朝換代便不可避免。例如，後唐統治 13 年，其中莊宗李存勗、明宗李嗣源在位共 10 年，及至末帝李從珂繼位，大將石敬瑭便借助契丹的支持奪取了政權；後晉統治 11 年，其中石敬瑭在位 6 年，及至出帝石重貴繼位，受個別將帥挑拔，與契丹決裂，戰爭繼起，後晉也隨之而亡；後周統治共 9 年，其中太祖郭威、世宗柴榮共在位 8 年半，及恭帝柴宗訓繼位，半年即被大將趙匡胤陳橋兵變，黃袍加身而奪權。後漢也不例外，高祖劉知遠在位僅 1 年而病死，及後繼者劉承祐繼位，不出 3 年，政權也被手握重兵的大將郭威所篡奪。

　　郭威之所以能輕易篡奪後漢政權，一方面是因為隱帝劉承祐年幼繼位，既無功名，又「昵比群小」，大失人心；另一方面則是大將郭威在平叛及禦邊中建立了功勳，樹立了崇高的威望，大得人心。

　　隱帝劉承祐繼位時年僅 19 歲，既缺功德威望，又無治國經驗，狎於近習，專事荒淫。他將王朝的軍政大權完全交付楊邠、史弘肇、郭威等將帥，而深居宮中，「昵比群小」，以致皇權旁落，竟至被楊邠、史弘肇等權臣架空凌辱。三叛連衡平定之後，按理說，隱帝應該居安思危，吸取教訓，勵精圖治；但史載「三叛既平，（隱）帝浸驕縱，與左右狎昵。飛龍使瑕丘後匡贊、茶酒使太原郭允明以諂媚得倖，帝好與之度辭醜語，太后屢戒之，帝不以為意，癸

亥，太常卿張昭上言：『宜親近儒臣，講習經訓』，不聽。」〔註13〕與群小爲伍而疏遠賢良，令人失望。其後郭威稱兵向闕，大臣、將領（包括隱帝的近親）紛紛歸向郭威，正是隱帝大失人心的必然結果。

反之，郭威卻善於樹立威信，重視爭取人心。

郭威與當時眾多獨斷專橫、殘酷嗜殺的大小軍閥、將領作風迥異。史載他爲將以後，在攻戰中，「臨矢石，冒鋒刃，必以身先，與士伍分甘共苦。稍立功效者，厚其賜與，微有傷痍者，親爲循撫，士無賢不肖，有所陳啓，溫顏以接，俾儘其情，人之過忤，未嘗介意，故君子小人皆思效用。」〔註14〕郭威取得平定「三叛連衡」的勝利和北禦契丹功勳顯著，使他的聲威和權威臻於頂峰。史載，三叛連衡，對後漢統治造成嚴重危害，朝廷調兵遣將平叛，多時無功。乾祐元年八月，後漢朝廷將平叛重任交付樞密使郭威，「詔河府、永興、鳳翔行營諸軍，一稟（郭）威節制。時李守貞、王景崇、趙思綰連衡作叛，朝廷雖命白文珂、常思攻討河中，物議二帥非守貞之敵，中外憂之，及是命之降，人情大愜。」〔註15〕平叛戰爭的勝利，既是郭威集思廣益，採取了正確的戰略戰術的結果，也是郭威善於爭取軍心，故能得士卒死力的結果。李守貞之所以敢於反叛，是因爲他以爲後漢「禁軍皆嘗在麾下，受其恩施，又士卒數驕，苦（後）漢法之嚴，謂其至則叩城奉迎，可以坐而待之」；沒料到，「士卒新受賜於郭威，皆忘守貞舊恩」，到了城下，後漢官軍「揚旗伐鼓，踴躍詬譟，守貞視之失色」。〔註16〕平叛以後，爲了避免嫉妒，爭取人心，郭威也頗費一翻苦心。首先，他將功勳歸於朝中大臣，以此避免招致嫉妒和傾軋。史稱，平叛後，郭威還至大梁（河南開封），隱帝賞賜給他玉帶，他謙遜不受，「（郭）威辭曰：『臣幸得率行伍，假（後）漢威靈以破賊者，豈特臣之功，皆將相之賢，有以安朝廷，撫內外，而饋餉以時，故臣得以專事征伐。』隱帝以威爲賢，於是悉召楊邠、史弘肇、蘇逢吉、禹圭、竇貞固、王章等皆賜以玉帶，威乃受。威又推功大臣，請加爵賞，於是加貞固司空、逢吉司徒、禹圭、邠左、右僕射。已而又曰：『此特（後）漢廷親近之臣耳！（後）漢諸宗室、天下方鎮，外暨荊、浙、湖南，皆未及也』。由

〔註13〕《資治通鑑》卷288。
〔註14〕《舊五代史》卷119，《太祖紀第一》。
〔註15〕《舊五代史》卷101，《太祖紀第二》。
〔註16〕《資治通鑑》卷288。

是濫賞於天下。」〔註17〕郭威這是借後漢朝廷的官爵、財物買個人的聲譽。

其次，他對於與叛軍勾結的大臣、武將隱瞞不報，既往不咎，消除了那些首鼠兩端者的疑慮，有助於安定反側。史載，平定三叛之後，「（郭）威閱守貞文書，得朝廷權臣及藩鎮與守貞交通書，詞意悖逆，欲奏之。秘書郎榆次王溥諫曰：『魑魅乘夜爭出，見日自消。願一切焚之，以安反側。』威從之〔註18〕乾祐二年底，契丹南侵。朝廷命郭威督師防禦，「詔河北諸州，應兵甲、錢帛、糧草一稟郭威處分」，〔註19〕這不僅使郭威掌握了軍事大權，而且佔據了有利地位（鄴都具有重要戰略地位），爲其後來在危難時刻發動兵變，奪取後漢政權創造了有利條件；而且，郭威在鄴都，「盡去煩弊之事，不數月，闔政有序，一方晏然」。〔註20〕又贏得了良好的聲譽。

總而言之，劉知遠死後，一方面是後漢隱帝劉承祐年少繼位，毫無威望，又深居宮中，與群小爲伍，無所作爲；另一方面卻是將領郭威平定叛亂，安定社稷，爭取了人心，樹立了崇高的個人威望。如此，後漢政權的轉移便是自然而然的事了。

三、後漢速亡的必然因素

（一）後漢統治集團內部爭權奪利，鬥爭激烈，內耗嚴重

1、將相之爭。五代是個重武輕文的時代；而後漢，重武輕文更臻於登峰造極地步，表現在：（1）高層統治者重武輕文思想根深蒂固。如樞密使楊邠「常言：『爲國家者，但得帑藏豐盈，甲兵強盛，至於文章禮樂，並是虛事，何足介意也。』」〔註21〕禁軍首領史弘肇也「不喜賓客，嘗言：『文人難耐，輕我輩，謂我輩爲卒，可恨！可恨！』」〔註22〕三司使王章也「常輕視文臣，曰：『此等若與一把算子（算盤），未知顛倒，何益於事！』」〔註23〕（2）受重武輕文思想的影響，執掌了後漢政權的權臣極力堵塞文士的仕進之路。如楊邠位兼將相，「凡中書除官，諸司奏事，（隱）帝皆委（楊）邠斟酌」。在楊邠掌

〔註17〕《新五代史》卷11，《周本紀第十一》。
〔註18〕《資治通鑒》卷288。
〔註19〕《舊五代史》卷103，《隱帝紀下》。
〔註20〕《舊五代史》卷110，《太祖紀第一》。
〔註21〕《舊五代史》卷107，《楊邠傳》。
〔註22〕《舊五代史》卷107，《史弘肇傳》。
〔註23〕《舊五代史》卷107，《王章傳》。

權期間,「士大夫往往有自（後）漢興至亡不沾一命者」。〔註24〕由於武夫出身的後漢權臣輕視文臣,排斥文士,使得後漢統治集團中文武鬥爭激烈,集中體現在將相之爭。劉知遠稱帝之初,以蘇逢吉、蘇禹圭同為中書侍郎、同平章事,掌行政;楊邠為樞密使、郭威為樞密副使,掌軍政。五代時期戎馬倥傯,樞密使地位高,權力大,常凌架於宰相之上。中書侍郎兼戶部尚書、平章事李濤曾上疏請出楊邠、郭威等,以藩鎮授之,軍政大權統由宰相執掌;楊邠、郭威則依靠李太后進行反攻,終於奪得後漢軍政大權。「自是三相（竇貞固、蘇逢吉、蘇禹圭）拱手、政事盡決於（楊）邠。事有未更邠所可否者,莫敢施行,遂成凝滯,三相每進擬用人,苟不出邠意,雖簿、尉亦不之與」。〔註25〕於是,在後漢朝廷中,「將相勢如水火矣」。〔註26〕

2、君臣之爭。後漢朝,君臣之爭也十分激烈。隱帝年少繼位,為楊邠、史弘肇等顧命大臣所輕視。楊、史等執掌了後漢一切大權,常凌駕於隱帝之上,實際上成了後漢「無冕之皇」。隱帝不僅皇權旁落,失去了用人之權,而且常受楊、史等權臣欺凌。例如,隱帝賞賜伶人,史弘肇將賞賜品「奪以還官」;一次,楊邠與史弘肇在隱帝面前議事,隱帝表達了宜審慎處置之意,楊邠竟說:「陛下但禁聲,有臣等在!」隱帝想任用個別外戚或親近,不僅被拒絕,甚至被誅殺,〔註27〕在專制主義的封建時代,是可忍,孰不可忍!其後隱帝誅殺楊邠、史弘肇、王章等權臣的「內難」,正是後漢君臣之爭激化的結果。在後漢統治集團激烈的內爭中,有趨炎附勢者;有明哲保身者;也有些大臣預見到統治集團的內爭必然導致變亂,採取逃避的態度,如後來在後周政治舞臺上發揮了重要作用的宰相王樸,當時依附於樞密使楊邠,「是時（後）漢室浸亂,大臣交惡,（王）樸度其必危,因乞告東歸」〔註28〕;外戚李洪信「以群小用事,心懷憂懼,白太后求解軍職,出為鎮寧軍節度」。〔註29〕

3、地方藩鎮或疑懼或覬覦皇權,叛亂此起彼伏,令後漢王朝內耗嚴重。後漢朝先有杜重威據鄴都叛亂,後有「三叛連衡」。這些叛亂,究其根源,不外乎兩個方面:一是自恃擁有實力,企圖通過叛亂奪取政權或割據一隅,杜

〔註24〕 《資治通鑑》卷288。
〔註25〕 《資治通鑑》卷288。
〔註26〕 《資治通鑑》卷289。
〔註27〕 《資治通鑑》卷289。
〔註28〕 《舊五代史》卷128,《王樸傳》。
〔註29〕 《宋史》卷252,《李洪信傳》。

重威、李守貞的反叛即屬此類；二是因後漢統治者殘忍嗜殺而內心疑懼，無奈鋌而走險，王景崇據鳳翔、趙思綰據永興反叛，屬此類。

叛亂與平叛，令後漢王朝元氣大傷。首先，內戰令數以十萬計的生靈塗炭。杜重威據鄴城反叛被平定後，「鄴城士庶殍殆者十之六七焉」。〔註 30〕三叛連衡被平定後，後漢朝廷「遣使詣河中、鳳翔收瘞戰死及餓殍遺骸，時有僧已聚二十萬矣」；〔註 31〕僅永興城，「始思綰入城，丁口僅（幾乎）十餘萬，及開城，惟餘萬人而已，其餓斃之數可知矣」。平叛戰爭中，後漢官軍傷亡如何，史籍沒有明確記錄；但據記載，官軍攻杜重威據守的鄴城時，僅是某日，「自寅至辰，士卒傷者萬餘人，死者千餘人」；〔註 32〕官軍攻永興城，「王師傷者甚眾」。〔註 33〕可知處於攻勢的官軍傷亡也是慘重的。其次是平叛戰爭勞民傷財。後漢隱帝在詔書中曾說「征討已（以）來，勞役滋甚，兵猶在野，民未息肩，急賦繁徵，財殫力匱。矜恤之澤，未被於疲羸；愁歎之聲，幾盈於道路」。〔註 34〕於此可見一斑。

（二）後漢賦斂苛重，嚴刑酷法，吏治敗懷，造成階級矛盾極端尖銳，民眾的反抗鬥爭風起雲湧

1、**賦斂苛重**。契丹滅後晉時，曾在中原地區大事搜刮，使「大河之北，易水之南，久因兵戈，聚成瘡痍，男孤女寡，十室九空」，自河汾及京邑（汴梁），「禾黍廢為閒田，牆屋毀為平地」，〔註 35〕後漢建立後，未能採取有效措施招集流移，恢復發展生產，爭敢民心歸向；卻對民眾進行敲骨吸髓的盤剝，令民不聊生。史載，「舊制，秋夏苗租民稅一斛，另輸二升，謂之『雀鼠耗』。（後漢）乾祐中，輸一斛者，別令輸二斗，目之為『省耗』。百姓苦之。」〔註 36〕不僅如此，朝野上下執政官吏還在制度之外巧取豪奪，極盡搜刮之能事。如三司使王章，「民有訴田者，雖無十數戶，（王）章必命全州覆視，幸其廣有苗額，以增邦賦，曾未數年，民力大困」；〔註 37〕青州節度使

〔註 30〕《舊五代史》卷 109，《杜重威傳》。
〔註 31〕《資治通鑑》卷 289。
〔註 32〕《資治通鑑》卷 287，第 9377 頁。
〔註 33〕《舊五代史》卷 109，《趙思綰傳》。
〔註 34〕《舊五代史》卷 102，《隱帝紀中》。
〔註 35〕《冊府元龜》卷 95，《帝王・赦宥》。
〔註 36〕《舊五代史》卷 107，《王章傳》。
〔註 37〕《舊五代史》卷 107，《王章傳》。

劉銖「在任擅行賦斂，每秋苗一畝率錢三千，夏苗一畝（率）錢二千，以備公用。部內畏之，脅肩重迹」。〔註38〕此類事例還有很多。

2、**嚴刑酷法**。中國古代有亂世用重典之說。後漢初期，歷經連年戰爭的破壞及契丹的搜刮，中原地區社會秩序混亂。後漢統治者便用嚴刑酷法以治國。立國當年，劉知遠在詔書中就規定，「天下凡關賊盜，不計贓物多少，案驗不虛，並處死」。〔註39〕這爲地方官吏草菅人命提供了「法律依據」。史載：「是時，法尚深刻，藩郡凡奏刑殺，不究其實，即順其請」。〔註40〕從朝廷到地方，宰執大臣、地方官，以嚴刑殘殺著稱者不乏其人。茲略舉數例：宰相蘇逢吉制定「賊盜法」，規定「應有賊盜，其本家及四鄰同保人並仰所在全族處斬」。有大臣質疑：「爲盜者族誅，猶非王法，鄰保同罪，不亦甚乎？」他仍固執己見，只是勉強刪去「全族」兩字。〔註41〕宰相王章「急於財賦，峻於刑法，民有犯鹽、矾、酒麴之令，雖絲毫滴瀝，盡處極刑。吏緣爲奸，民不堪命」。〔註42〕禁軍首領史弘肇治理京師，「不問罪之輕重，理之所在，但云有犯，便處極刑，枉濫之家，莫敢上訴」；「其他斷舌、決口、斷筋、折足者，僅（幾乎）無虛日」。〔註43〕地方甚至有官吏以「盜」、「賊」爲名，將多個村莊的村民斬盡殺絕的！〔註44〕

3、**吏治敗壞**。前述，後漢朝重武輕文，朝野上下多爲崛起草莽、胸無點墨、貪婪成性的武夫佔據官職。這是後漢朝吏治敗壞的一個重要原因。如，楊乙是權臣史弘肇庇護的一個親吏，他「貪戾兇橫，負勢生事，吏民畏之……聚斂刻剝，無所不至，月率萬緡，以輸弘肇，一境（按，指睢陽）之內，嫉之如讎」。〔註45〕西京留守，同平章事王守恩，「性貪鄙，專事聚斂，喪車非輸錢不得出城，下至抒廁、行乞之人，不免課率，或縱麾下令盜人財」。〔註46〕白再榮。後漢時任鎮州留後，「爲政貪虐難狀，鎮人呼爲『白麻荅』。」麻荅是契丹一將，契丹滅後晉時以貪婪無度、大事搜刮而著名；其後，白再榮移授滑州節度使，「箕斂

〔註38〕《舊五代史》卷107，《劉銖傳》。
〔註39〕《舊五代史》卷100，《高祖紀下》。
〔註40〕《舊五代史》卷101，《隱帝紀上》。
〔註41〕《舊五代史》卷108，《蘇逢吉傳》。
〔註42〕《舊五代史》卷107，《王章傳》。
〔註43〕《舊五代史》卷107，《史弘肇傳》。
〔註44〕《舊五代史》卷108，《蘇逢吉傳》。
〔註45〕《舊五代史》卷107，《史弘肇傳》。
〔註46〕《資治通鑑》卷288。

誅求，民不聊生」。〔註47〕史籍中，後漢諸如此類貪婪、殘酷的官吏多得不勝枚舉！歷史上，長治久安的時代，統治者對於貪墨、殘酷的地方官吏無不嚴懲不貸，原因是吏治敗壞，必然激化階級矛盾，於封建統治不利；然而，後漢王朝對於這些貪官污吏卻是姑息、放縱，罕見受到嚴厲處罰者。

苛重的賦斂，嚴酷的刑罰，敗壞的吏治，使後漢朝階級矛盾異常尖銳。史載，後漢時期「京畿多盜，中牟尤甚，（李）穀誘邑人發其巢穴。有劉德興者，（後）梁時屢攝畿佐，居中牟，素有干材，（李）穀即署攝本邑主薄。浹旬，穀請侍衛兵數千佐德興，悉禽賊黨，其魁一即縣佐史，一御史臺吏。」〔註48〕《舊五代史》也有載：乾祐元年十二月，在延州，太子太師致仕劉景巖與鄉軍指揮使高志，「結集草寇，欲取臘辰窺圖州城」。〔註49〕封建時代，統治者、封建史家常將造反的民眾蔑稱爲「盜」、「賊」或「寇」。從上引史料可以看出，需要官府調動數千侍衛精兵協助鎮壓的，絕不是打家劫舍的普通盜賊，而是造反的民眾；而且造反的民眾得到了某些後漢官吏的支持。階級矛盾的尖銳已令後漢最高統治者隱帝感覺到了危機，因此，他在詔書中表示，期望平定叛亂，「邊鋒少弭，國難漸除」之後，「當議優饒，冀獲蘇息」；要求諸道蕃候郡守「宜念彼瘡痍，倍加勤恤，究鄉閭之疾苦，去州縣之煩苛，勤課耕桑，省察冤濫」，以寬刑簡政，輕繇薄賦，恢復發展生產，緩和階級矛盾，以實現長治久安。

綜上所述，五代後漢速亡，表面看來，似乎是由偶然因素決定的，即由於劉知遠早死，繼位者隱帝年少，無力掌持大局，加之貿然誅殺楊邠、史弘肇、王章等宰執大臣，爲「德高望重」、掌握了後漢軍政大權的大將郭威篡權創造了契機；但更深入地考察，我們可以發現，在後漢統治的幾年中，統治階級的內部矛盾，統治階級與被統治階級之間的矛盾，都非常尖銳。這注定了後漢統治不可能長治久安。即使不發生隱帝誅殺大臣，郭威稱兵向闕這樣的「偶然事件」，後漢依然逃脫不了速亡的命運；僅僅是民眾的反抗鬥爭，兵力強盛的契丹統治者無法在中原地區立足，內戰中元氣大傷的後漢統治更是無法長期維持。五代史家陶懋炳認爲「後漢成爲我國歷史上最短命的封建王朝，根本原因在於它沿襲了後晉的暴虐統治，且又過之，與時代和人民的要求背道而馳，盡失人心。」〔註50〕這是有道理的。

〔註47〕 《舊五代史》卷106，《白再榮傳》。

〔註48〕 《宋史》卷262，《列傳第二十一·李穀傳》。

〔註49〕 《舊五代史》卷101，《隱帝紀上》。

〔註50〕 《五代史略》，第259頁。

　　值得注意的是，後漢的速亡，成了後周統治者的「後車之鑑」。爲使後周不重蹈後漢速亡的覆轍，郭威、柴榮針對後漢時期的各種弊端進行了多項革新。例如，鑒於後漢重武輕文，讓武將掌權，造成吏治腐敗，政權喪失，後周朝十分器重文士，不僅大量起用文士爲官，而且讓范質、李穀、王溥、王樸、鄭仁誨、馮道等一批文臣執掌國家軍政大權，爲北宋重文輕武政策的形成提供了藍本；鑒於後漢統治者只重軍事，輕視經濟，後周則是軍事與經濟並重：一面南征北戰，開拓疆域，一面採取有效措施恢復發展生產；鑒於後漢對貪官污吏的姑息，後周朝則對有貪殘劣迹的官吏嚴加懲罰，遭棄市者不乏其人……這些改革，爲宋代結束唐中期以來根深蒂固的藩鎮割據、武夫跋扈，加強中央集權，重新實現國家大統一創造了條件。「從這時候開始，中原的混亂局面才出現了結束的徵象。」〔註51〕

引用文獻

〔1〕薛居正等，《舊五代史》〔M〕，北京：中華書局，1976年。

〔2〕司馬光，《資治通鑑》〔M〕，北京：中華書局，1956年。

〔3〕卞孝萱，鄭學檬，《五代史話》〔M〕，北京：北京出版社，1985年。

〔4〕陶懋炳，《五代史略》〔M〕，北京：人民出版社，1985年。

〔5〕歐陽修，《新五代史》〔M〕，北京：中華書局，1974年。

〔6〕脫脫等，《宋史》〔M〕，北京：中華書局，1977年。

〔7〕王欽若，《冊府元龜》〔M〕，北京：中華書局，1962年。

〔8〕沈起煒，《五代史話》〔M〕，北京：中國青年出版社，1983年。

〔註51〕沈起煒，《五代史話》，第85頁。

四十四、論劉知遠

　　在五代史中，李存勗建立的後唐，石敬瑭建立的後晉，劉知遠建立的後漢，因其建國者皆出自沙陀部族，故稱「沙陀三王朝」。在沙陀三王朝中，後漢政權只存在了四年，其建立者劉知遠也只做了一年的皇帝，國祚甚速，帝齡極短。究其根源，除客觀因素外，與劉知遠愚昧昏憒的品格，不講仁義，不知信用，賞罰不明大有關係。這使後漢在歷史上不僅沒有大的作為，反而導致動亂迭生，局勢動蕩不穩。終於，一場統治階級的內部鬥爭，使帶職出征的樞密使郭威，打出「清君側」的旗號，一舉推翻後漢天下，另建了後周。後漢與後周相比，劉知遠與郭威相較，皆相形見拙。但在林林總總的史學刊物中，我們看不到一篇論及後漢政權或劉知遠這個歷史人物的文章。彷彿後漢政權也罷，劉知遠這個歷史人物也罷，在歷史上都輕描淡寫一筆即可。其實，單就劉知遠而言，雖然對歷史的貢獻甚微，但仔細考察其為人處事，剖析其所作所為，仍能管中窺豹，給今人以啓迪和借鑒。正如史臣在《舊五代史》卷九十六的史評中所言：「善者既書之，其不善者亦書之，庶使後之君子，見善如不及，見惡如探湯」。

一、劉知遠建漢的條件

　　劉知遠出身於沙陀部族，世居太原，原不知其姓，及稱帝中原，乃冒稱為東漢顯宗第八子淮陽王劉昞之後裔，遂稱劉氏，建國號曰漢，史稱後漢。劉知遠是以勇見稱，也是以勇發迹的。

　　在李氏後唐時期，劉知遠還是個默默無聞的人物。只是到了後唐末期，劉知遠兩度將石敬瑭救出危局，一度贊成了石敬瑭的太原起兵，在石敬瑭稱

帝，建立後晉以後，成爲開國元勳之一，備受石敬瑭的寵眷，才從後唐明宗麾下的一員小小偏將，平步青雲。在不長的時間裏，他受任爲河東節度使兼北京（太原）留守，手握重兵，身往重鎮，爲以後入主中原奠定了基礎。

兩度將石敬瑭救出危局：一次是後唐明宗與後梁軍隊對柵於德勝（今河南濮陽縣，五代時爲黃河渡口），同爲後唐明宗偏將的石敬瑭馬甲斷裂，梁軍幾乎追及。劉知遠以所乘之馬援之，自取石敬瑭之馬殿後而還。另一次是後唐末年，潞王李從珂反，後唐愍帝出奔，適逢石敬瑭自鎮州入朝，相遇於衛州（今河南汲縣）。愍帝左右知石敬瑭有伺機奪位之野心，欲殺之以除後患。隨石敬瑭入朝的劉知遠先下手爲強，率兵盡殺愍帝左右。這不僅救了石敬瑭一命，而且爲石氏後晉政權的建立排除了障礙。其後，石敬瑭據太原不受朝命，後唐發兵征討，劉知遠分析天下大勢，勸石敬瑭反，並在解圍戰爭中立下了汗馬功勳。這就是劉知遠在石晉朝備受石敬瑭器重，步步高升的原因。

劉知遠雖然勇猛，但欠缺德行，善於看風駛舵。在河東時，他就有了「異志」。這是司馬昭之心，路人皆知的。當時河東幕府缺書記，朝廷除前進士丘廷敏爲之。丘廷敏就因爲劉知遠有「異志」，恐爲所累，辭疾不赴。（《五代史補》，轉引自《舊五代史》卷一百八，蘇逢吉傳）

晉高祖石敬瑭死後，繼位的晉出帝石重貴，夜郎自大，不自量力，與契丹絕盟，導致契丹軍隊南下，北方連年用兵。劉知遠受任爲北平王、幽州道行營招討使、北面行營都統，有步騎五萬，首當其衝，居然「未嘗出兵」。（《新五代史》卷十，漢本紀第十）

契丹滅後晉時，部下有人勸劉知遠舉兵。劉知遠說：「用兵有緩有急，當隨時制宜。今契丹新降晉兵十萬，虎據京邑，未有他變，豈可輕動哉！且觀其所利止於貨財，貨財既足，必將北去。況冰雪已消，勢難久留，宜待其去，然後取之，可以萬全。」（《資治通鑒》卷二百八十六，後漢紀一）

這一番話，和盤托出了劉知遠辜恩負義，見危不救，坐觀成敗以取漁人之利之野心。契丹軍隊攻下汴京，滅亡後晉，欲稱帝於中原。劉知遠無奈，只得遣牙將王峻奉表祝賀契丹。契丹主耶律德光呼之爲「兒」，並賜之木拐，以示尊榮。木拐，在契丹，非功德顯赫不可得賜。劉知遠對契丹的「功德」，就是按兵不動，使契丹如入無人之境，勢如破竹滅亡了後晉。以後，耶律德光病死欒城（今河北欒城縣西）後，劉知遠見有機可乘，在群下的勸進之下，

於晉陽（今太原市西南）謀議建國。

由此可見，劉知遠之所以能稱帝建國，是因爲時勢爲他創造了有利的條件。契丹南下時，他的勢力基本上完整地保留了下來；契丹北撤後，他取而代之，入主中原。正所謂「乘虛而取神器，因亂而有帝圖」。（《舊五代史》卷一百，「史臣曰」）

二、劉知遠的主要錯誤

劉知遠，不論在藩鎮時，還是在建國後，對士人都極鄙視。後漢隱帝時，欲謀害楊邠、史弘肇、蘇逢吉、王章等跋扈大臣，議已定，入白太后。太后認爲事關重大，應與宰相相議。李業從旁對曰：「先皇帝（指劉知遠）平生言，朝廷大事，勿問書生！」（《新五代史》卷十八，皇后李氏傳）

疏遠排斥士人學者，使劉知遠對漢文化知之甚淺。不知馬上得天下，還應該馬下治之，依然重用武將，任情妄爲，有過錯無人敢於諫淨，建國家無人爲其出謀劃策，結果，爲後漢的統治埋下了隱患。

劉知遠的錯誤，要表現在三個方面，即：失仁、失信、失刑。

（一）失　仁

史稱劉知遠「急於止（只是，唯獨）殺，不暇崇仁」。（《舊五代史》卷一百，「史臣曰」）考察有關史實，這並非虛論。

五代時期，戰爭頻繁，物質極端匱乏。殺人越貨，是五代軍閥們獲得財富，解決軍需的途徑之一。劉知遠也不例外。吐谷渾部族，在後晉時備受契丹族的剝削與虐待，誠心歸向中原王朝，與漢民族的關係是友好的。開運三年（946 年），身爲河東節度使的劉知遠，貪圖吐谷渾部族的財富，竟然「誅吐渾大首領白承福、白鐵匱、赫連海龍等，並夷其族凡四百口」，（《舊五代史》卷八十四，少帝紀第四）手段極其殘忍，嚴重損害了漢民族與吐谷渾部族的和睦友好關係。

從禁牛皮不得私相貿易和禁「盜賊」、禁鹽、礬、酒麴私營諸事中，我們同樣可以看到劉知遠殘酷不仁的本性。

劉知遠在河東時，大聚甲兵，需用大量牛皮。因此，禁牛皮不得私相貿易及民間盜用，規定民間如有牛死，即時由官府收納牛皮，犯令者死。後漢建立後，三司奏請依照河東舊例，在全國範圍內施行禁牛皮法。劉知遠不懂得時移制異，居然接受了這一不切實際的請求。當時，上黨民眾犯牛皮法者

二十餘人，按法，罪俱當死。昭義一判官張璨，向劉知遠進諫，指出，上黨民二十餘人之死，已屬冤枉，更何況天下犯令者不知幾何，皆銜冤而死！並曉之以理，說：「主上在河東，大聚甲兵，須藉牛皮，嚴禁可也；今爲天下君，何少牛皮，立法至於此乎！」一介州郡判官竟敢非議皇上的「聖詔」，頗令劉知遠惱怒，不僅沒有從諫，改邪歸正，而且將張璨也定爲死罪。太師馮道冒死再度進諫，認爲張璨「以卑位食陛下祿，居陛下官，不惜軀命，敢執而奏之，可賞不可殺」。劉知遠理屈詞窮，才稍作讓步：赦免上黨民二十餘人死罪，張璨越職言事，落職去官。（《洛陽縉紳舊聞記》，轉引自《舊五代史》卷一百二十六，馮道傳）

史載後漢時期，「盜賊」較多。這是因爲，經歷了後晉與契丹連續五年（實算爲三年）艱苦的戰爭，以及契丹滅晉後的一場浩劫，物質奇缺，人民生活極端困難，不爲「盜」，不爲「賊」，委實難以維持生計。針對這種情況，劉知遠不是像其他有作爲的開國之君那樣，採取有效措施，招撫流移，恢復生產，而是舍本逐末，企圖用嚴刑酷法來消弭「盜賊」現象。天福十二年（947年）八月，劉知遠「詔天下凡關賊盜，不計贓物多少，案驗不虛，並處死」；（《舊五代史》卷一百，高祖紀下）還規定，「民有犯鹽、礬、酒麴者，無（論）多少皆抵死」。（《新五代史》卷三十，王章傳）後漢時「盜賊」及鹽、礬、酒麴之禁是五代中最嚴厲的，處罰也是最殘酷的。這些詔令的頒佈，造成「吏緣爲奸，民莫堪命」的悲慘局面。我們從「張令柔殺平陰十七村民」（《新五代史》卷三十，王章傳）一事件中，就可想見到當時有多少人，蒙受不白之冤，慘遭滅項之災。王夫之說劉知遠「待契丹之退，收拾殘疆，慰安殺戮之餘民，知遠之於天下也，不可謂無功！」（《讀通鑑論》卷三十·七）不知據何而發此論？

此外，在戰爭中，劉知遠常用斬盡殺絕的殘忍手段來處治異己分子或敵對勢力。前述劉知遠率軍盡殺後唐愍帝左右即爲一例證。清泰元年（934年），契丹全軍南下，大破征討河東石敬瑭的後唐軍隊於晉陽城下，有降卒千餘人，劉知遠「盡殺之」，（《舊五代史》卷九十九，高祖紀上）也是一例證。

劉知遠爲人殘酷，缺乏仁慈之心。作爲鎮帥，作爲國君，他喜歡任用的，也是一些酷毒類己的人。例如，劉銖「性慘毒好殺」。劉知遠認爲劉銖「勇斷類己，深委遇之」。出鎮並門時，用爲左都押牙；即皇帝位後，授永興軍節度使，加同平章事（宰相）。（《舊五代史》卷一百七，劉銖傳）任延皓也

是個始終受劉知遠器重任用的人。後晉時，任延皓先後被朝廷授以太原掾，交城、文水縣令，都是劉知遠的「慰薦之力」。任延皓任文水縣令時，不僅「聚斂財賄」，而且「誣告縣吏結集百姓，欲劫縣庫」。劉知遠偏聽偏信，「遣騎軍並擒縣民十數，族誅之。冤枉之聲，聞於行路」。（《舊五代史》卷一百八，任延皓傳）還有蘇逢吉、史弘肇等作惡多端，殘酷無情的人，也深受劉知遠寵遇，高居要位。

郭威自鄴都興兵指闕，推翻後漢政權，曾召問趙延義：「漢祚短促者，天數耶？」趙延義說：「王者撫天下，當以仁恩德澤，而漢深酷，刑罰枉濫，天下稱冤，此其所以亡也。」當時郭威正以兵圍蘇逢吉、劉銖第，欲誅其族，聞延義之言，悚然警醒，因貸其族，使二家獲全。（《新五代史》卷五十七，趙延義傳）後周建立後，郭威吸取了劉知遠的教訓，在用刑施政方面，均以仁為懷。前後兩朝開國之君形成了鮮明的對比。

（二）失　信

劉知遠對信用的價值也是不瞭解的。故在為人處事時，常常隨心所欲，出爾反爾，不守信用。這在授官與對待異己方面，表現得最為明顯。

授官，是一件極其嚴肅的事情。官吏的臧否，關係到吏治的得失、國家的興衰。依理而言，賢者能者，授之升之；愚者庸者，黜之罷之，不可視同兒戲，時罷時升，時任時殺。劉知遠是怎樣做的呢？

早在任北京留守兼河東節度使時，河東屬下有個代州，州刺史是白文珂。白文珂有個長子，每日以事干擾郡政。劉知遠聞知，怒白文珂對兒子有失教養，遂上奏朝廷，罷其刺史之職。白文珂掛印途徑并州，乘便詣府參謁劉知遠。劉知遠見白文珂儀貌敦厚，舉止閒雅，訪以時事，對答有條，由是大喜，隨即上奏朝廷，要求除授白文珂為北京副留守，作自己的副官。（《洛陽縉紳舊聞記》，轉引自《舊五代史》卷一百二十四，白文珂傳）一時奏罷，一時奏除，反覆無常，毫無原則。又，開運（944～946）末年，契丹陷中原。潞州（今山西長治市）城中，指揮使李萬超率所部大噪入府，殺契丹使，推王守恩為帥，奏請劉知遠認可。劉知遠「從其請」，命史弘肇統兵，渡黃河至潞州。劉知遠接見了李萬超，對他說：「收復此州，公之力也。吾欲殺守恩，以公為帥，可乎？」李萬超對曰：「殺契丹使以推守恩，蓋為社稷計耳。今若賊害於人，自取其利，非宿心也。」（《宋史》卷二百六十一，李萬超傳）既已「從其請」，除授王守恩為潞州節度使，旋又無故而欲殺之，不信不義一至於此！

難怪史弘肇對李萬超「大奇之」。奇他什麼呢？就奇他在奸詐叢生的五代亂世，居然如此講信義。

對待異己或叛逆，劉知遠也常常採用欺詐手段，誘入網羅中，然後扼殺之。

天福十二年（947 年），劉知遠兵至洛陽。汴州百官奉表來迎。劉知遠「詔諭以受契丹補署者皆勿自疑」，並聚其告牒而焚之」，（《資治通鑒》卷二百八十七，後漢紀二）裝出一副信誓旦旦的樣子，彷彿真是脅從不問，既往不咎。但事實如何呢？且看以下例子：契丹準備北歸時，恐中原無主，必致大亂，遣使自洛陽迎接後唐明宗子許王李從益至汴，命李從益「知南朝軍國事」。李從益先是藏匿躲避，不成；受偽命後，聞劉知遠自鎮入朝，遣使奉表向劉知遠稱臣。但劉知遠至洛陽，在發出「受契丹補署者皆勿自疑」詔書的同時，卻命鄭州防禦史郭從義先入大梁清宮，將契丹任命的李從益及其母親王淑妃秘密殺害。（《資治通鑒》卷二百八十七，後漢紀二）後漢建立的當年，杜重威據鄴城（今河南安陽市）叛。劉知遠御駕親征。城中，杜重威與幽州指揮使張璉膠固堅守，略無降志，致使劉知遠招撫無效，久攻不下。為什麼叛軍不願歸順投降呢？原來，劉知遠入汴京時，汴京有燕軍一千五百人。這支燕軍，曾力屈投降於契丹，後伺機反抗，歸順了後漢。劉知遠表示對燕軍既往不咎。但不久，劉知遠就以謀反為名，將燕軍盡誅之繁臺（今河南開封市郊東南隅）之下。

杜重威和張璉也曾投降於契丹，因此，儘管劉知遠「累令宣諭，許以不死」，叛軍依然不為所動。張璉在城上對劉知遠說：「繁臺之誅，燕軍何罪？既無生理，以死為期！」對劉知遠的不信任，這就是叛軍嬰城固守的原因。最後，食盡援絕，杜重威只得投降。張璉等為求生路，「邀朝廷信誓」。劉知遠答應了張璉等的請求，下詔允許張璉等還歸本鄉。但當叛軍棄城出降時，劉知遠即背信棄義，將張璉等數十人盡行誅殺。（《舊五代史》卷一百九，杜重威傳）

劉知遠為人不守信用，也造成了後漢建立後，歸順將士內心疑懼，反叛四起，致使國家用兵不斷，財竭力窮。後漢初期，京兆尹趙贊，就「以久事契丹，常慮國家終不能容，乃與鳳翔侯益謀，引蜀兵為援」，作好了以防不測的準備。趙思綰是趙贊屬下一首領，朝廷遣供奉官部署趙思綰等赴闕。思綰疑懼，行至永興（今陝西西安），率部下奪守城軍兵武器造反，並劫庫兵以授

部下，遂據其城，「集城中丁壯得四千餘人，濬池隍，修樓櫓，旬浹之間，戰守皆備」，並送款於河中李守貞。劉知遠命將討伐，經過一年多的相持攻戰，兩敗俱傷：一方面，「王師傷者甚眾」；另一方面，原來十餘萬人口的永興城，克城之日，只剩萬餘人。可笑又可悲的是，劉知遠為了勸降，還是執迷不悟，繼續使用其慣用伎倆，宣佈制授趙思綰為華州留後、檢校太保；常彥卿為虢州刺史。為使叛軍堅信不疑，還遣內臣以「官告國信」賜之。但當叛軍開門投降後，劉知遠將趙思綰、常彥卿等五百餘人同日誅戮！（《舊五代史》卷一百九，趙思綰傳）

後唐末年，官軍兵圍晉陽。雄義都指揮使安元信率部曲歸款河東石敬瑭。石敬瑭問安元信為何背強歸弱？安元信說：「夫帝王者，出語行令，示人以信。嘗聞主上許令公（指石敬瑭）河東一生，今速改之，是自欺也。……以斯而言，見其亡也，何得為強也？」（《舊五代史》卷九十，安元信傳）安元信這一番話是意味深長的。它說明，作為人君，言而無信，便會令人心背離，便會成事不足，敗事有餘。

（三）失　刑

刑罰，是國家管理中一種控制手段。它能起到維持社會治安，鞏固國家政權的重要作用。用刑得當，亂臣賊子懼，正氣得以伸張；用刑不當，則會長姦邪，助動亂，導致眾叛親離的局面。劉知遠沒有認識到刑罰的這種意義。其用刑之失，表現在以下幾個方面：

1、對中央、地方禍國殃民、罪惡累累的將臣官僚姑息養奸。諸如：蘇逢吉是個「貪詐無行」，「喜為殺戮」的人。在太原時，劉知遠因慶祝生日，命蘇逢吉「靜獄」祈福。原意是讓他審查獄囚，將蒙冤者釋放出去。但蘇逢吉「盡殺禁囚以報」。李崧是後晉時的宰相。劉知遠入汴時，將李崧府第賞賜給蘇逢吉。蘇逢吉為絕後患，引誘李崧家僕夫誣告家主「謀反」，令逮捕其家人，採用刑訊逼供手段，逼使李崧之弟李嶼自誣「與兄崧、弟㠀，與家僮二十人商議……謀亂」。蘇逢吉以筆將「二十人」改為「五十人」，封下有司，遂盡誅崧家。（《新五代史》卷三十，蘇逢吉傳）劉知遠有個從弟，叫劉信，「（劉）信所至黷貨，好行殺戮。軍士有犯法者，信召其妻子，對之刲剔支解，使自食其肉，血流盈前，信命樂飲酒自如。」（《新五代史》卷十八，蔡王信傳）對這些傷天害理，草菅人命的官僚，未見劉知遠對他們有任何的不滿或規勸，更談不上刑罰了；只見他們步步高升，終而權傾朝野，位極人臣。依靠這些

人治國理民，哪有什麼法度可言，哪有什麼德政可言！

對胡作非為，蔑視朝廷的地方將官，劉知遠也是姑息遷就。擺脫契丹羈
縻而歸順後漢的相州節度使高唐英，被軍將王繼弘殺害。王繼弘自稱留後，
還厚顏無恥地說：「吾濟小人也，若不因利乘便，以求富貴，畢世以來，未可
得志也。」劉知遠「乃正授節旄」，並就加檢校太尉。（《舊五代史》卷一百二
十五，王繼弘傳）漢州就糧歸捷指揮使張建雄、金州守禦指揮使康彥環，分
別乘亂謀害濮州刺史和金州刺史，自知州事。劉知遠最後也正式任命張建雄
為濮州刺史、康彥環為金州刺史。對這些奸詐兇險悖逆無道之徒，劉知遠未
加以進討，處以刑罰，以儆效尤，反而承認既成事實，使姦邪得志。其後，
王繼弘殘害忠良，擅自殺害節度判官張易及觀察推官張制；捕賊使張令柔平
白無故盡殺平陰縣十七村村民。

2、對叛酋寬容特赦。前述杜重威據鄴都叛，平叛後，劉知遠「詔釋其罪」，
並封其為檢校太師、守太傅，兼中書令、楚國公，（《舊五代史》卷一百，高
祖紀下）就是典型一例。

3、對民眾動輒處以酷刑。從前述對「賊盜」及犯鹽、礬、酒麴禁令者的
處罰中，便可略見一斑。

三、結　語

自後晉末年，中原與契丹連年征戰，兵無釋甲之日，民無稼牆之時。這
場戰爭，耗盡了後晉王朝的國力，終為契丹所滅，皇族北遷。而依傍石敬瑭
而起，坐鎮河東的軍閥劉知遠，早蓄異志，見風駛舵，在戰爭中坐山觀虎鬥，
積蓄了雄厚的軍事力量，兵強財足。一旦形勢突變，契丹北歸，劉知遠即風
捲殘雲，乘虛而入，於汴京建立後漢國家，成為一位中原之主，不過是時勢
所使然。劉知遠沒有濟世之才，沒有救民之功，其後漢王朝在歷史上曇花一
現也是勢在必然。如王夫之說：「得國而速亡，未有如沙陀劉氏者也；反者一
起，兵未血刃，眾即潰，君即死，國即亡，易如吹橋，亦未有如沙陀劉氏者
也。」（《讀通鑑論》卷三十·九）。司馬光曰：「漢高祖（指劉知遠）殺幽州
無辜千五百人，非仁也；誘張璉而誅之，非信也；杜重威罪大而赦之，非刑
也。仁以合眾，信以行令，刑以懲奸，失此三者，何以守國！其祚運之不延
也，宜哉！」（《資治通鑑》卷二百八十七，後漢紀二）史家之論，誠為至理
之言。失仁，失信，失刑，使劉知遠御下無恩，治國乏術，將臣不能戮力叶謀，

民眾難免離心離德。在劉知遠死後不久，一場統治階級的內部鬥爭，終於使後漢大廈轟然而倒。這近在眼前之事，劉知遠尚且懵然不知，更遑論「知遠」！其後繼者漢隱帝劉承祐，只做了三年皇帝，便命歸黃泉，亦無福祐可承，這能說不是一個深刻的歷史教訓嗎！

四十五、五代時期燕人行事述略

摘　要

　　唐末五代的戰爭與動亂，為各路群雄的崛起創造了契機，同時也為各方面的人才施展抱負、才藝提供了舞臺。其中，許多燕人或以其勇悍善戰，累積軍功而成為大將；或以其傑出文才，協助軍閥開創霸業，成為重要謀臣。這些燕人在禦敵防邊及平定內亂中多有顯赫功勳；在治理地方上有卓越政績；他們清直為人，不阿權貴；不少燕人還以其文才武功或高尚品格揚名於異國他鄉。五代時期的燕人群體在歷史舞臺上扮演了重要的角色，發揮了積極的作用。

　　關鍵詞：五代；燕人；功勳；政績

　　幽州、燕、范陽等都是今北京市的古地名。幽州為唐方鎮名之一，光天二年（713）置，治所在幽州（今北京市城區西南）。天寶元年（742）改名范陽；寶應元年（762）復名幽州，兼盧龍節度使。唐亡遂建號為燕。〔註1〕燕地處華北平原北端，位於中原與塞北地區的交接處，即介於漢族與邊疆民族居住區之間，自古具有重要的戰略軍事意義。唐末五代，烽火連天，燕地更是處於戰爭的漩渦之中。許多燕人身不由己地被捲進時代的波浪之中，他們或入伍充軍，以軍功晉身為將為相以至企圖稱皇稱帝；或投靠軍閥，以其思想、文化影響政治。因而，唐末五代，大批燕人得以登上歷史舞臺，在政治、軍事、治安、文化等多方面發揮了重要的作用；許多燕人得以在史冊中留名。考察五代時期燕人的行事，不僅對於我們瞭解燕地歷史，而且對於我們瞭解唐、宋之際以至中國古代歷史，均有重要意義。

一、顯赫戰功

　　在古代歷史上，燕地久經戰爭洗禮，加之受徙居燕地的大量北方民族人氏尚武習俗的影響，燕人多尚武勇悍。《隋書·地理志》云：「涿郡（今北京）連接邊郡，習尚與太原同俗，故自古言勇俠者皆推幽（北京）并（太原）云」。許多燕人從戎發迹，以軍功顯著而受統治者寵遇者不乏其人。

　　幽州人周知裕，原為唐末燕帥劉仁恭騎將。因劉氏父子、兄弟內爭殺戮不止，周知裕投奔汴梁，頗受軍閥朱溫的重視。朱溫組建一支軍隊，名「歸化軍」，以周知裕為指揮使，凡軍士自河朔歸梁者，皆隸於知裕麾下。周知裕統率的歸化軍在後梁霸業的創建與維持中功勳顯赫。史載「梁、晉相距河上十餘年，其摧堅陷陣，歸化一軍為最」。〔註2〕晉最終滅後梁，建立後唐王朝。周知裕降後唐。「明宗（李嗣源）時為總管，受降於郊外，見知裕甚喜，遙相謂曰：『周歸化今為吾人，何樂如之！』因令諸子以兄事之。莊宗（李存勗）撫憐尤異，諸校心妒之」。〔註3〕周知裕因為軍功顯赫，不僅受到最高統治者的賞識，同時也受到其他將領的嫉妒，竟至險被暗殺。後唐出兵攻伐前蜀國時，周知裕為前鋒將，為後唐滅前蜀作出了重要貢獻。

　　李承約，薊門（今北京昌平縣西北）人，少事劉仁恭，為山後八軍巡檢

〔註1〕　《中國歷史地名辭典》「幽州」條。
〔註2〕　《新五代史》，第499～500頁。
〔註3〕　《舊五代史》，第860頁。

使，將騎兵二千人。後因劉仁恭父子內爭，李承約「以其騎兵奔晉，晉王以爲匡霸指揮使，從破（後梁）夾寨，戰臨清，以功累遷洺、汾二州刺史，潁州團練使」。後唐明宗天成（926～930）中，邠州節度使毛璋有異志。明宗拜李承約爲涇州節度副使，使往伺毛璋幼靜。「承約見（毛）璋，諭以禍福」。李承約對毛璋曉之以理，收到良好效果，使之打消了反叛的念頭。其後，明宗遣人代毛璋，毛璋即時受代。明宗將此歸功於李承約不戰而屈人之兵，「明宗大喜，即拜承約黔南節度使。〔註4〕

燕人高行周，史家對其評價很高，謂其「有勇而知義，功高而不矜，策馬臨敵，叱吒風生，平居與賓寮宴集，侃侃和易，人以是重之」。〔註5〕

以驍勇善戰著稱的，還有元行欽。元行欽，《舊五代史》本傳未載其籍貫，僅記其爲「本幽州劉守光之愛將」。從燕帥劉仁恭、劉守光父子愛用燕人爲將來看，元行欽爲幽州人的可能性很大。《中國人名大辭典》則明確記載其爲幽州人。本幽州劉守光之愛將，後歸附晉。晉大將李嗣源「憐其有勇，奏隸爲假子，後因從征討，恩禮特隆。常臨敵擒生，必有所獲，名聞軍中」。晉王李存勖東定趙、魏，選驍健署之麾下。元行欽因爲作戰勇敢，功勳突出，被李存勖點名從李嗣源軍中索取，任爲都部署，被賜姓名李紹榮。史載李存勖好戰，敢於衝犯大敵，「或臨陣有急兵，行欽必橫身解鬥之。莊宗營於德勝也，與汴軍戰於潘張，王師不利，諸軍奔亂。莊宗得三四騎而旋，中野爲汴軍數百騎攢稍攻之，事將不測，行欽識其幟，急馳一騎，奮劍斷二矛，斬一級，汴軍乃解圍，翼莊宗還宮。莊宗因流涕言曰：『富貴與卿共之』。自是寵貫諸將，官至檢校太傅、忻州刺史、同平章事。」〔註6〕後唐立國後，莊宗曾於內殿宴待群臣，使相預會。元行欽因官爲保傅（散官），當地褥下坐，於殿上無位。莊宗以此爲憾。後「以行欽爲同平章事，由是不宴百官於內殿，但宴武臣而已」。這是愛屋及烏，因寵幸元行欽而使武臣得厚遇。

五代時期，許多燕籍將帥在防邊、治邊方面有突出貢獻，包括張希崇、趙德鈞、王思同等。

幽州薊縣人張希崇原爲燕帥劉守光的裨將，後被契丹所擄，受重用，爲平州節度使。後伺機逃歸，在後唐明宗朝授汝州防禦使，歷二年，遷靈州兩

〔註4〕 《新五代史》，第 527 頁。
〔註5〕 《資治通鑒》，第 9481 頁。
〔註6〕 《舊五代史》，第 925～926 頁。

使留後。張希崇在治理西北邊患方面有突出貢獻，以致朝廷難以尋找合適的替換人選，張希崇最終不得不老死於邊疆。史載，「先是，靈州戍兵歲運糧經五百里，有剽攘之患。希崇乃告諭邊士，廣務屯田，歲餘，軍食大濟。璽書褒之，因正授旄節。清泰（934～936）中，希崇厭其雜俗，頻表請覲，詔許之。至闕未久，朝廷以安邊有聞，議內地處之，改邠州節度使。及（後晉）高祖入洛，與契丹方有要盟，慮其（靈州）爲（契丹）所取，乃復除靈武」。張希崇利用戍邊士卒開展屯田，不僅使軍食「大濟」，而且省去自內地轉輸糧餉的勞費及被劫掠之患，使邊疆局勢趨於安定，深孚統治者所期望，因而位尊爵美。封建史家也給予了張希崇極高的評價，謂：「希崇自小校累官至開府儀同三司、檢校太尉，三歷方面，封清河郡公，食邑二千戶，賜清邊奉國忠義功臣，亦人生之榮盛者也。」〔註7〕

燕人趙德鈞雖然在後唐末年投靠契丹，企圖借助契丹的援助而稱帝中原，在史冊中留下了不光彩的一筆；然而不可否認，他在後唐朝是一位頗受君主倚重並且在禦邊工作中有過重要貢獻的將帥。據載，後唐莊宗對趙德鈞「善待之，賜姓（李），名曰紹斌，累典郡守」；明宗朝，趙德鈞「尤承倚重」。天成（926～930）中，定州王都反，引誘契丹爲援，被後唐軍打敗。在契丹撤退中，趙德鈞「於要路邀之，擒惕隱已下首領數十人，獻於京師」。趙德鈞因而「加侍中，頃之，加東北面招討使」。趙德鈞受後唐朝延之重託，在北部邊境抵禦契丹入犯的邊防工作中，措施得力，效果顯著。「德鈞奏發河北數鎮丁夫，開王馬口至遊口，以通水運，凡二百里。又於閻溝築壘，以戍兵守之，因名良鄉縣，以備抄寇。又於幽州東築三河城，北接薊州，頗爲形勝之要，部民由是稍得樵牧。」史家評論道：「德鈞鎮幽州凡十餘年，甚有善政，累官至檢校太師兼中書令，封北平王」。〔註8〕

在五代平定內部叛亂的軍事活動中，燕籍將帥同樣是功勳顯赫！

在禦邊及平叛中均有功勳的燕將有高行周、劉在明、王思同等。後唐長興年間，因北部邊疆常常受到契丹侵擾，朝廷以高行周爲振武節度使；次年，以河西用兵，他又奉朝廷之命移鎮延安。高行周在後唐、後晉、後漢、後周數朝的平叛軍事活動中，功勳顯赫。在後唐明宗朝，高行周就因爲作戰英勇而「特深委遇」。天成（926～930）年間，「從王晏球圍定州，敗王都，擒禿

〔註7〕《舊五代史》，第1148～1149頁。
〔註8〕《舊五代史》，第1309頁。

餒，皆有功」。後晉朝，安從進據襄州反叛，高行周受命爲襄州行營都部署。次年秋，叛亂被平定。後漢朝，杜重威據鄴都叛，「（後）漢祖以行周爲招討使，總兵討之。鄴平，授鄴都留守，加守太尉，進爵臨清王」。正因爲在數朝的平叛大業中功勳顯赫，在後周朝，高行周獲得了君主的高度禮遇敬重，「（後周）太祖以行周耆年宿將，賜詔不名，但呼王位而已」。後慕容彥超據兗州叛，後周太祖郭威親征。高行周「奉迎輿駕，傾家載贄，奉觴進俎，率以身先，太祖待之逾厚」〔註9〕史家評論曰：「近代領戎藩，列王爵，祿厚而君子不議，望重而人主不疑，能自晦於飲酌之間，保功名於始終之際，如行周之比者，幾何人哉！奕世藩翰，固亦宜然」。〔註10〕

後唐明宗朝，朱守殷反叛，朝廷發兵征討。燕將劉在明被任爲前鋒，至汴城，率先登城，賊平，授汴州馬步都指揮使。後晉天福年間，李金全以安州叛。劉在明從李守貞攻之，大破接應的南唐軍隊，以功授安州防禦使。楊光遠據青州叛，劉在明被朝廷任爲行營馬步軍都指揮使，領齊州防禦使。青州平，遷相州留後。劉在明還率師經略北疆，逐退入寇的契丹軍，在邊防事業上貢獻頗大。〔註11〕

燕籍將帥中，防邊、治邊、平叛事迹最感人的當屬後唐大將王思同。王思同出自將門，父敬柔，歷瀛、平、儒、檀、營五州刺史。王思同十多歲時即在燕將劉仁恭麾下爲軍校。後因劉仁恭、劉守光父子相攻，王思同以部下兵歸晉，被晉王李克用任爲飛騰指揮使，時年十六。後又從莊宗平定山東，累典諸軍。在後唐朝，王思同職至同州節度使。史載王思同「從先帝（莊宗）二十年，大小數百戰，甲不解體，金瘡滿身」。〔註12〕王思同在軍事上的業績，一是禦邊，一是平叛。五代時期，中原內亂不止，邊疆少數民族桀驁不馴，常致叛亂。不少將領都不願意赴邊任職。然而，王思同戍邊多年，不僅無怨言，不退縮，而且取得了非凡政績，對後唐的邊防及封建統治都作出了重要貢獻。史載，他曾「在秦州（今甘肅秦安縣西北）累年，邊民懷惠，華戎寧息」。秦州與吐蕃接境，蕃人多違法度，王思同「設法招懷，沿邊置寨四十餘所，控其要害。每蕃人互市、飲食之界上，令納器械」，並對秦州山

〔註9〕《舊五代史》，第1612～1614頁。
〔註10〕《舊五代史》，第1624頁。
〔註11〕《舊五代史》，第1396頁。
〔註12〕《新五代史》，第359～360頁。

川要害控扼之處瞭如指掌，受到後唐明宗的贊許，且留左右，授右武衛將軍，準備讓他肩負平定西川叛亂的軍事重任，後因西川割據已成定局，軍事難有作為而罷。後唐末年，王思同任京兆尹兼西京留守。潞王李從珂據鳳翔反，起兵爭奪皇位，遣使四出爭取支持。其中「乃令小伶安十十以五弦妓見思同，因歡諷動。又令軍校宋審溫者，請使於雍，若不從命，即獨圖之」。可謂威迫利誘雙管齊下。當時，不少藩鎮持觀望態度，「諸鎮皆懷向背，所得潞王書檄，雖以上聞，而不絕其使。王思同本著對於君主、國家的忠誠，不為勢利所動，堅決拒絕與叛亂勢力合作。他將李從珂派來的樂妓及使者、官吏繫之於獄，同時及時向朝廷稟報。朝廷知王思同忠心耿耿，以王思同為鳳翔行營都部署，肩負平叛重任。由於個別將領督促戰士攻城過急，造成過大傷亡，最終導致兵叛。叛兵執王思同向潞王李從珂投誠。從珂責讓王思同不予配合。王思同答曰：「臣起自行間，受先朝爵命，秉旄仗鉞，累歷重藩，終無顯效以答殊遇。臣非不知攀龍附鳳則福多，扶衰救弱則過速，但恐瞑目之後，無面見先帝。釁鼓膏原，縲囚之常也。」表達了他的忠義情懷及舍生取義、視死如歸的志向。潞王李從珂聽了王思同的一席話，「為之改容」，為其不趨炎附勢的忠直秉性所感動，並「欲用之」。然而那些叛將面對王思同自覺無地自容，串通權臣劉延朗，擅殺了王思同。王思同雖死，其不屈不撓，為國捐軀的高風亮節猶在。潞王李從珂也曾對左右言：「思同計乖於事，然盡心所奉，亦可嘉也」。〔註13〕

　　在後唐對前蜀及後蜀的征戰中，也活躍著多名燕籍將帥的身影，如李嚴、王思同等。李嚴是一位文武兼備的燕人，「初仕燕（燕王劉仁恭），為刺史，涉獵書傳，便弓馬，有口辯，多遊藝，以功名自許」。後唐出兵征討前蜀國時，以李嚴為三川招撫使。李嚴與先鋒使康延孝將兵五千，先驅閣道，「或馳以詞說，或威以兵鋒，大軍未及，所在降下」，〔註14〕後唐明宗朝，孟知祥據西川，董璋據東川，聯合反叛，欲圖割據。後唐出師討伐，以王思同為先鋒指揮使。王思同曾率師奮勇爭先突入劍門，「以曾獲劍門之功，移鎮山南西道」。兩川火拼時，後唐明宗擔心兩川合二為一，後唐將更難控御，「密詔思同相度形勢，即乘間用軍」，欲將平定叛亂的重任託付王思同，值董璋敗，孟知祥兼併兩川，

〔註13〕《舊五代史》，第 870 頁。
〔註14〕《舊五代史》，第 930 頁。

建立後蜀政權，王思同因而未能成就功業。

　　幽燕自古多義士。許多燕人爲將帥後，便忠於所事，不爲勢利所屈，至死不渝。這方面的典型，除了前述的王思同之外，還有元行欽。後唐同光三年（925），後唐發生內亂，大將李嗣源爲亂兵脅迫而反，試圖拉攏元行欽。元行欽不從。後唐莊宗被弒，李嗣源取得政權，是爲明宗。元行欽因爲堅貞不屈而被殺。

二、卓越政績

　　以軍功晉身的許多燕人，或爲將相，高居廟堂之上，協助君主行政；或任職地方，爲父母之官。由於許多燕人均受過良好的儒家學說的薰陶，因此，他們爲官期間，多忠君愛國，勤政爲民，作出了較突出的政績。這在官貪政亂的五代時期顯得尤爲可貴。

　　周知裕在後唐朝歷任房州、絳州刺史、宿州團練使等。史載「知裕老於軍旅，勤於稼穡，凡爲郡勸課，皆有政聲，朝廷喜之」。〔註 15〕周知裕在地方任官，政績不只在於「凡爲郡勸課，皆有政聲」，即發展經濟方面，還對地方的移風易俗有所貢獻。據載，「淮上之風惡病者，至於父母有疫，不親省視，甚者避於他室，或時問訊，即以食物揭於長竿之首，委之而去。知裕心惡之，召鄉之頑狠者訶詰教導，俾知父子骨肉之恩，由是弊風稍革」。〔註 16〕親人有疾病而避之惟恐不及，這是醫藥衛生水平低下，人難以抵禦傳染疾病侵襲的結果。這種現象與儒家「親親」說教大相逕庭，故周知裕「訶詰教導」，收到良好效果。劉審交，幽州文安人，少讀書，尤精吏道。在後晉朝曾出任陳州防禦使、襄州防禦使。任職期間，他大力推廣新式生產工具，以提高生產效率。史載，劉審交「遷右衛上將軍、陳州防禦使。出視民田，見民耕器薄陋，乃取河北耕器爲範，爲民更鑄」，〔註 17〕又史載「審交治襄、漢，撫綏有術，民庶懷之。」大將楊光遠據青州反叛，被討平後，降平盧軍爲防禦州，劉審交被任爲防禦使。「時用軍之後，審交矜恤撫理，凋弊得蘇」。後晉朝，劉審交曾任三司使，掌財政。當時有人建議檢查全國民田，以增加

〔註 15〕《舊五代史》，第 860 頁。
〔註 16〕《舊五代史》，第 860 頁。
〔註 17〕《新五代史》，第 546 頁。

租賦。劉審交反對，說：「租有定額，而天下比年無閒田，民之苦樂，不可等也。」遂止不檢，而民賴以不擾。在大小官吏都極力取寵於君主而罔顧民眾利害的五代時期，劉審交能爲民謀利除害，誠爲難得。後漢朝，劉審交受任爲汝州防禦使，「汝（州）爲之近輔，號爲難治，審交盡去煩弊，無擾於民，百姓歌之」。正因爲劉審交所任職之處，皆有政聲，民眾愛戴，故後漢乾祐二年（949）劉審交卒時，「郡人聚哭柩前所，列狀乞留葬本州界，立碑起祠，以時致祭」。後晉朝廷給予了劉審交很高的評價，謂其「政能殊異，惠及蒸黎，生有令名，沒留遺愛」。與劉審交曾共事燕帥劉守光的當時宰相馮道，對劉審交的爲人行政有深入的瞭解，「知其爲人廉平慈善，無害之良吏也，刺遼、磁，治陳、襄、青，皆稱平允，不顯殊尤」，故給予其極高的評價，謂：「吾嘗爲劉君（審交）僚佐，觀其爲政，無以逾人，非能減其租賦，除其徭役也，但推公廉慈愛之心以行之耳。此亦眾人所能爲，但他人不爲而劉君獨爲之，故汝（州）人愛之如此，使天下二千石皆效其所爲，何患得民不如劉君哉！」〔註18〕他認爲劉審交治理地方其實並沒有很特別的地方；實際上，民眾的租賦負擔是朝廷確定的，他無能力擅自減少；徭役也不能停息；他不能給寒者以衣，給餒者以食，然而，身死之日，黎民卻懷感如此，其原因在於，劉審交不像別的官吏那樣，他不鞭打百姓，不刻剝百姓，不因公而循私，不害物以利己，切切實實地行良吏之事，薄罰宥過，謹身節用，安俸祿，守禮分，知足常樂而已。這些作爲似乎誰都容易做到，但五代時期的地方官吏卻大多做不到這一點。相比之下，民眾自然就對能做到這樣的劉審交「咨嗟愛慕」。馮道希望地方官能以劉審交爲學習榜樣，謂：「侯伯牧宰，若能哀矜之，不至聚斂，不殺無辜之民，民爲邦本，政爲民本，和平寬易，即劉君（審交）之政安足稱耶！復何患不至於令名哉！」〔註19〕政績良好的還有幽州良鄉人王進，他在後周朝「歷汝、鄭防禦使，亦有政聲。」〔註20〕幽州薊門人李承約在後唐朝曾爲黔南節度使。黔南爲少數民族居住區，經濟教育水平低下。李承約蒞任後，「以恩信撫諸夷落，勸民農桑，興起學校。居數年，當代，黔南人詣京師乞留，爲許留一年」。〔註21〕

〔註18〕《資治通鑑》，第 9420 頁。
〔註19〕《舊五代史》，第 1393～1394 頁。
〔註20〕《舊五代史》，第 1630 頁。
〔註21〕《新五代史》，第 527 頁。

三、清直爲人

「清」者，爲官清廉也；「直」者，剛直不阿也。五代時期，官場中充斥著貪濁者、阿諛逢迎者。阿諛逢迎爲的是謀職權；有了職權爲的是以權謀私，中飽私囊。故五代時期貪官多，廉吏少。然而，單就此時期燕人群體而論，情況則相反，清廉正直者多，污濁奸猾者少。

薊門人陳乂，少好學，善屬文，歷仕後梁、後唐兩朝。陳乂雖在性格上存在缺點，「性陰僻，寡與人合，不爲當路所與」，「器度促狹」，姿態倨傲等，因而在政壇上未能顯達；但他最大優點是廉潔、重義輕利。史載：「（陳）乂性孤執，尤廉於財。長興（930～933）中，嘗自舍人銜命冊晉國公主石氏於太原，晉高祖善待之，但訝其高岸。人或有獻可於乂，宜陳一謳頌以稱晉祖之美，可邀其厚賄耳。乂曰：『人生貧富，咸有定分，未有持天子命違禮以求利，既損國綱，且虧士行，乂今生所不爲也。』聞者嘉之。」「禮」在陳乂的心目中比「利」更重要，如果二者必居其一，則舍利取禮，不虧士行。後晉朝，石敬瑭給已故的陳乂贈官禮部尚書，正是看重其爲人的重義輕利，認爲其廉潔作風可成爲廣大官員的學習榜樣。〔註22〕燕人趙鳳，「性豁達，輕財重義，凡士友以窮告者，必傾其資而餉之，士人以此多之」。〔註23〕一些因故背井離鄉流落異地的燕人，亦以清廉聞名。如高越，因避禍投奔南唐。南唐末年，後周、北宋先後對南唐用兵。高越時任元帥府掌書記、起居郎、中書舍人。「準南交兵，書詔多出（高）越手，援筆立成，詞採溫麗，元宗以爲稱職」。既得元宗賞識，又在君主身邊，自然成爲眾多官員逢迎賄路之對象，但高越沒有以此謀私利。他爲官正直，爲人清廉，雖歷官清要，但死後卻「貧不能葬，後主爲給葬費，世歎其清」。〔註24〕

燕人的另一個可貴品格是正直。他們身處勾心鬥角、爾詐我虞、常常風雲突變的五代官場之中，不是看風駛舵，明哲保身，而是爲國爲君著想，憑著良心說話處事，即使因此而影響自身的地位或利益甚至危及生命，也在所不辭！

王思同不僅是一位忠於君主、國家，在保家衛國方面功勳顯赫的將領，他同時還具有不阿權貴的可貴品質。王思同善詩，他常利用寫詩作爲政治鬥爭的

〔註22〕《舊五代史》，第 906～907 頁。
〔註23〕《舊五代史》，第 890 頁。
〔註24〕陸游《南唐書》卷 9，高越傳。

武器，抨擊權奸，表達憂國情懷。史載，後唐莊宗朝，「內養呂知柔侍興聖宮，頗用事，思同不平之。呂爲《終南山集》，末句有『頭』字，王思同和曰：『料伊直擬衝霄漢，賴有青天壓著頭。』其所爲詩句皆此類也。」〔註25〕後唐末年，末帝在位，潞王李從珂起兵奪位，百官紛紛迎降勸進。而燕人盧導卻出於忠義情懷，力排眾議，拒不草表向李從珂稱臣，也表現了燕人堅貞不屈的秉性。據載，當時，潞王李從珂自鳳翔擁大軍赴闕，後唐末帝出奔衛州，百官迎降。宰相馮道（歷官數朝，人稱「不倒翁」）「請（盧）導草勸進箋，導曰：『潞王與主上，皆太后之子，或廢或立，當從教令，安得不稟策母后，率爾而行！』」針對馮道「凡事要務實」的勢利思想，盧導又說：「今主上蒙塵在外，遽以大位勸人，若潞王守道，以忠義見責，未審何詞以對！」一再拒絕起草勸進箋。在眾官都爲自己的地位、利益著想，紛紛望風駛舵，阿諛逢迎新主之際，盧導卻本著對君主的忠誠，將個人利害置之度外，實屬難得。當時另一宰相李愚也說：「舍人（按，盧導時任中書舍人）之言是也，吾輩信（確實是）罪人矣。」封建史家也對盧導的「守正」給予了高度的評價。〔註26〕

燕人呂琦亦「以剛直聞於時」。其剛直作風很受當時最高統治者重視。後晉高祖石敬瑭在位時，謀求輔相。宰臣李崧力薦呂琦於高祖，云可大用。高祖數次召見呂琦於便殿，言及當世事，甚奇之，方將倚以爲相，忽遇疾而逝，人皆惜之。

不僅是在朝的燕籍大臣敢於諫諍君主，勇鬥權奸，欲「致君堯舜」；在藩鎮的燕籍將吏也敢於規正鎮將的過失，有爲此而付出生命代價者。如後唐鎮將高行珪「性貪鄙，短於爲政，在安州日，行事多不法」。安州節度副使范延策，「幽州人也，性剛直，累爲賓職，及佐行珪，睹其貪猥，因強諫之，行珪不從」。高行珪因爲范延策一再規正其不法行爲，「深銜之」。後因戍兵作亂，高行珪乘機誣奏范延策與之同謀，將其父子俱戮於汴，聞者冤之。〔註27〕

趙鳳也是一位以忠直著稱的燕籍人士。據載，趙鳳，自少習儒，受儒學思想影響頗深。唐天祐年間（後梁建立後，晉仍沿用唐天祐年號，904～923年），燕帥劉守光盡驅部內丁夫爲軍伍，黥其面。許多燕人削髮爲僧以逃避兵役。趙鳳也落髮逃至太原。晉王李存勗早聞趙鳳之名，得之甚喜，以爲護鑾

〔註25〕《舊五代史》，第 868 頁。
〔註26〕《舊五代史》，第 1221 頁。
〔註27〕《舊五代史》，第 867 頁。

學士。李存勗滅後梁建立後唐王朝後，拜授趙鳳爲中書舍人、翰林學士。莊宗雖然器重儒士出身的趙鳳，任以要職，但因當時皇后劉氏及群小（宦官、伶人等）用事，以忠直爲立身處世原則的趙鳳不願與這些人同流合污，故其言多不見用。

在唐末五代這樣一個武夫當道、法紀蕩然的時代，許多忠直有才幹的文臣被排擠、被殺戮；也有不少儒臣迫於形勢，爲取寵享祿，不得不千方百計迎合君主和權貴旨意。「不倒翁」馮道即爲典型。然而，趙鳳卻與眾不同，他忠直敢言的作風始終不改，由此而得罪權貴遭到排斥打擊也義無反顧。例如，後唐莊宗劉皇后性貪婪，見河南尹張全義家富於財，要拜張全義爲父。莊宗許之。趙鳳上書極諫，指出皇后拜臣爲父，於儀禮不合。莊宗不納。後唐明宗朝，設端明殿學士，選博學多識的趙鳳、馮道等儒士任學士。時安重誨任樞密使，任圜爲宰相。二人政見不同，常有爭論，致生嫌隙。最終，安重誨將任圜貶逐至地方任官，並尋機誣告任圜謀叛而將任圜族滅。趙鳳明知任圜是政治鬥爭的失勢者、犧牲者，爲其辯護不僅不能給自己帶來好處，反而會得罪權貴安重誨，可給其以「同黨」藉口一併打擊，對自己的仕途甚至生命都將帶來不利以致不測。但趙鳳並不計較這些。他「哭謂重誨曰：『任圜義士也，肯造逆謀以讎君父乎？如此濫刑，何以安國！』」又，有僧自西國取經回，得佛牙大如拳，進獻於後唐明宗，顯然是希望得到明宗的重視，爲弘揚佛教創造有利條件。「時宮中所施已逾數千緡」，可見宗室、后妃、權貴等深爲信奉。但趙鳳深明佛教的繁盛將對社會對政治造成的危害，唐中後期禁佛、毀佛即爲近例。因此，「（趙）鳳揚言曰：『曾聞佛牙錘鍛不壞，請試之。』隨斧而碎」。趙鳳巧妙地打破了統治者對佛教的迷信，挫抑了佛教的張揚。再有，明宗在位末期，曾經地位崇高、權勢炙手可熱的安重誨，因位高震主而遭明宗貶逐。如此重大的政治變動很可能會導致動亂發生。在此敏感而關鍵的時刻，趙鳳依然不改其直言秉性。史載：「長興中，安重誨出鎮河中，人無敢言者，惟（趙）鳳極言於上（明宗）前曰：『重誨是陛下家臣，其心終不背主，五年秉權，賢豪俯伏，但不周防，自貽浸潤。』明宗以爲朋黨，不悅其奏」。結果趙鳳因得罪後唐明宗而被出爲邢州節度使。其實，明宗貶逐以致誅戮安重誨，是因爲其功高位隆權重，明宗擔心其去世後，皇權會落入安氏手中，不利其後裔，故決意逐戮之。趙鳳不明白這一層，故難免得罪明宗。但於此亦可見其忠直無畏的品格。明宗薨後，閔帝從厚繼位。潞王從珂起兵奪位，

是爲末帝。在此皇權爭奪的血腥的政治鬥爭中，軍隊及將領、大臣都認識到潞王從珂勢力大，在政爭中占顯然優勢，紛紛看風駛舵而歸附之。而趙鳳卻於此時要拜見已在政爭中失勢出逃的閔帝。時「閔帝蒙塵於衛州，（趙）鳳集賓佐軍校，垂涕曰：『主上播遷，渡河而北，吾輩安坐不赴奔問，於禮可乎？」正因爲秉性忠直，不惟利是圖，不落井下石，不趨炎附勢，因此，不論是當時人還是後世封建史家，對其評價都很高。《舊五代史》史臣評論曰：「（趙）鳳性豁達，輕財重義，凡士友以窮厄告者，必傾其資而餉之，人士以此多之也。」〔註28〕

後唐朝以正直敢言而知名的燕人還有趙遠。趙遠，字上交。時皇位接班人秦王李從榮失道，當時任六軍判官、司諫郎中的趙遠進諫曰：「大王地居上嗣，當勤修令德，奈何所爲如是！勿謂父子至親爲可恃，獨不見恭世子、戾太子乎！」趙遠應該清楚秦王重榮是個性情暴戾之人，一言忤意可能招致不測，但他未慮及此。結果，趙遠因爲直言被出爲涇州判官。「及從榮敗，（趙）遠以是知名」。〔註29〕

一些因躲避政治鬥爭而流落、投奔異國他鄉的燕人，如潘祐、盧文進、高越、高遠等，也以正直著稱。

許多燕人都具有清廉、正直的品格，這不是偶然的，而是因爲燕地自古文化教育發達，「爲北方文化中心，有悠久的文化傳統，自燕昭王招賢納士以來，學者文人雲集，使文化教育長期保持發達地位」。〔註30〕許多燕人都深受儒家學說的薰陶，而清廉、正直都是儒學積極倡導的。燕人的清廉、正直正是儒家學說影響的結果。

四、揚名他方

由於種種原因，或是逃避戰亂，或是因內爭出走，或奉命出使被羈留，不少燕人流落異鄉。雖寄人籬下，然而，他們的文才、武功，他們的人品，使他們仍然受到軍閥或割據統治者的垂青，得到重用，像一顆顆明星，熠熠生輝於異鄉。

曾爲幽州將帥劉仁恭故吏的王緘（史籍沒有明確記載王緘的籍貫，《舊五

〔註28〕《舊五代史》，第 889～890 頁。
〔註29〕《資治通鑑》，第 9095 頁。
〔註30〕《北京通史簡編》，第 110 頁。

代史》本傳只記「王緘，幽州劉仁恭故吏也」。但從傳中所記「燕人馬郁，有盛名於鄉里，而（王）緘素以吏職事（馬）郁」以及史家所謂「（王）緘博學善屬文，燕薊多文士……」來看，王緘是幽州人當無疑。）「博學善屬文」，少以刀筆直書記室。劉仁恭假以幕職，令王緘出使鳳翔，回歸時值劉仁恭與晉王李克用爲敵對抗，王緘因而被阻留。在晉王的威迫之下，王緘被署爲推官，歷掌書記，後又從李克用子李存勗經略山東，承制授檢校司空、魏博節度副使。王緘在太原，「名位驟達」。〔註31〕名聲顯赫於晉陽（太原）的燕人除王緘外，還有盧汝弼、馬郁等。盧汝弼自少力學，篤志科舉，於唐昭宗景福年間擢進士第，歷職臺省。唐末，軍閥朱溫淩弱唐室，殄滅衣冠，盧汝弼懼禍，由上黨歸於晉陽。在李存勗任晉王時，盧汝弼格外受到重視。史載李存勗「嗣晉王位，承制置吏，又得汝弼，有若符契，由是除補之命，皆出汝弼之手」，以致「畿內官吏，考課議擬，奔走盈門」，成爲晉軍事集團倚賴的重要人物。李存勗曾「以宰輔期之」。但盧汝弼卒於後唐建國前，未能成爲後唐「宰輔」。〔註32〕馬郁也是以文知名者。史載他「少警悟，有俊才智數，言辯縱橫，下筆成文」。初爲幽州府刀筆小吏，後因逃避燕軍事集團的內亂，歸附鎮州節帥、趙王王鎔。王鎔曾因故殺將領李匡威，匡威弟李匡儔亦爲將領。爲安撫李匡儔，王鎔令人修書向李匡儔說明原委。但「幕客爲書，多不如旨」。馬郁當時「直記室，即起草，爲之條列事狀，云可疑者十，詞理俊贍，以此知名」。以其文字化解了軍閥、將領之間的矛盾，穩定了社會。馬郁後又投奔晉軍事集團。「（馬）郁在武皇（李克用）幕（府），累官至檢校司空、秘書監。武皇與莊宗禮遇俱厚，給賜優異」。馬郁「在莊宗幕，寄寓他土，年老思鄉，每對莊宗欷歔，言家在范陽（今北京），乞骸歸國，以葬舊山」。但由於燕地在劉仁恭、劉守光父子的殘虐統治之下，內戰不止，馬郁葉落歸根的願望未能知願以償。〔註33〕

以文章、口才知名於異國他鄉，令人欽佩的燕人還有李嚴。李嚴，「初仕燕，爲刺史，涉獵書傳，便弓馬，有口辯，多遊藝，以功名自許」。由於多才多藝，後唐初年，李嚴受莊宗委託，奉使於前蜀國。與前蜀國後主王衍相見，李嚴「陳使者之禮，因於笏記中具述莊宗興復之功，其警句云：『才過汶水，

〔註31〕《舊五代史》，第 805 頁。
〔註32〕《舊五代史》，第 809 頁。
〔註33〕《舊五代史》，第 938 頁。

縛王彥章（後梁大將）於馬前；旋及夷門（後梁都城），斬朱友貞於樓上』。（李）嚴復聲韻清亮，蜀人聽之愕然」。表現出了李嚴傑出的文才、口才，同時也張揚了後唐國威，對前蜀國統治集團造成了心理上的威懾。不僅如此，李嚴還與前蜀國樞密使宋光嗣在宴會上進行了一場「舌戰」。舌戰中，李嚴的敏捷思辯及出色口才得到更突出的顯示。宋光嗣問及後唐國形勢，李嚴慷慨陳辭曰：「吾皇前年四月即位於鄴宮，當月下鄆州，十月四日，親統萬騎破賊中都，乘勝鼓行，遂誅汴孽（後梁），僞梁尚有兵三十萬，謀臣猛將，解甲倒戈。西盡甘、涼，東漸海外，南逾閩浙，北極幽陵。牧伯侯王，稱藩不暇，家財入貢，府實上供。吳國本朝舊臣，岐下先皇元老，遣子入侍，述職稱藩。淮、海之君，卑辭厚貢，湖湘、荊楚，杭越、甌閩，異貨奇珍，府無虛月。吾皇以德懷來，以威款附。順則涵之以恩澤；逆則問之以干戈，四海車書，大同非晚。」既宣揚了後唐國力鼎盛，四方影附的形勢，又闡明了後唐國「以德懷來，以威款附，順則涵之以恩澤，逆則問之以干戈」的外交政策。李光嗣爲了煞李嚴的威風，提出後唐王朝北方強盛的契丹族問題，寓意指後唐有後顧之憂，未必能對他國構成威脅。對此，李嚴答：「子言契丹之強盛，孰若僞梁？……吾國視契丹如蚤虱耳，以其無害，不足爬搔。吾良將勁兵佈天下，彼不勞一郡之兵，一校之眾，則懸首槀衡，盡爲奴擄。但以天生四夷，當置度外，不在九州之本，未欲窮兵黷武也」。李嚴的犀利辨對，令李光嗣大爲折服：「光嗣聞辯對，畏而奇之」。〔註34〕

由於五代時期北方及中原地區戰爭不止，社會動盪，而南方割據政權之中，南唐是個幅員較廣大，社會較安定，統治者較有作爲的割據政權，因此，一些胸懷大志的燕人將南唐作爲投奔的首選。在南唐政治歷史舞臺上發揮過重要作用並且在史冊留名的燕人有武將也有文臣，包括盧文進、高越、潘祐等。

盧文進爲武將，在後唐朝官至安州節度使。盧文進曾因故殺後唐莊宗弟李存矩而投奔契丹，娶契丹公主，被契丹授爲平州刺史。明宗朝率眾數萬南歸。後晉朝與契丹主約爲父子，盧文進因曾背叛契丹，故不自安，且本燕人，尚氣，不能忍受後晉拜契丹主爲「父」的屈辱，故決計奔吳（後改國名南唐）。吳派兵接應，拜爲天雄統軍，宣、潤州節度使。據載，盧文進在宣州、潤州任節度使期間，「政績甚美」。南唐朝，盧文進官至左衛上將軍兼中書令、范陽郡王，政治地位崇高。時馮延已得寵專政，眾大臣多依附之，而盧文進「以

素貴，不少下」，沒有屈尊紆貴奉迎馮延巳，表現了燕人不屈不撓的堅貞品格。正因爲如此，盧文進死後，馮延巳「誣以陰事，盡收文進諸子，欲籍其家」。〔註35〕

　　高越及潘祐均爲文人。高越「精詞賦，有名燕趙間」。盧文進鎮上黨時，聞其名，以禮幣致之，以爲掌書記，並將「有才色，能屬文，號女學士」的仲女嫁與高越。後高越隨盧文進奔吳，吳以爲秘書郎。在南唐朝，高越不僅歷官高位，面且「與江文蔚俱以能賦擅名江表，時人謂之『江高』。」在南唐激烈的官場黨爭中，高越與其岳父盧文進一樣，沒有依附得勢權重的馮延巳之黨，一度被排擠出朝，任蘄州司士、廣陵令。南唐末年，後周、北宋先後對南唐用兵。高越任元帥府掌書記、起居郎、中書舍人，「淮南交兵，書詔多出（高）越手，援筆立成，詞采溫麗，元宗以爲稱職」。後主朝，高越還奉君主之命修國史。高越雖歷官清要，但爲官清廉、以致死後「貧不能葬，後主爲給葬費，世歎其清」。〔註36〕潘祐出自將帥之家，但自小「閉門苦學，不交人事，文章議論見推流輩」。後主在東宮時，開學文館以招賢，潘祐躋身其中，並常被後主以「潘卿」稱之。南唐末年，國勢「日衰削，用事者充位無所爲。（潘）祐憤切，上疏極論時政，歷詆大臣將相，詞甚激訐。後主雖數賜手札嘉歎，終無所施用」。但潘祐並未就此死心，仍「七疏不止，且請歸田廬」。不僅不怕得罪朝中將相大臣，不怕惹怒君主，而且作好了被排擠出朝廷，削職爲民的思想準備。當他被「悉罷他職」而「專修國史」，被剝奪了政治發言權後，潘祐仍不怕越職言事的罪名，給後主上疏，論大臣姦邪，主上失德。其疏「凡數萬言，詞窮理盡，忠邪洞分」，指出：「陛下力蔽姦邪，曲容諂僞，遂使家國愔愔如日將暮，古有桀紂、孫皓者，破國亡家自己而作，尙爲千古所笑，今陛下取則，奸回敗亂國家，不及桀、紂、孫皓遠矣。臣終不能與奸臣雜處，事亡國之主。陛下必以臣爲罪，則請賜誅戮以謝中外」。由於詞既過切，將後主稱作「亡國之主」，連歷史上的夏桀、商紂、三國時期吳國的孫皓等亡國之君都不如，因此激怒了後主，同時遭到張泊等大臣的合力排濟，必欲置之死地。潘祐見君昏臣佞不可阻擋，國破家亡已成必然，終於悲憤自刎，年僅三十六歲。潘祐雖死，卻樹立了「忠臣」的典範，活在了後人心中。「處士劉之同賦詩弔之，國中人人傳誦，爲泣下。及王師（後周、北宋軍隊）南下，下詔數後主殺忠臣，蓋謂（潘）祐也」。北宋景德年間，宋眞宗

〔註35〕陸游《南唐書》卷9，《盧文進傳》。
〔註36〕陸游《南唐書》卷9，《高越傳》。

「憐（潘）祐之忠」，起復以疾致仕的潘祐之子潘華，授故官屯田員外郎。〔註
37〕潘祐所為，既是其「學老莊，齊死生，輕富貴」的結果，也是燕人堅貞不屈
性格的表現。

在割據政權閩國中，也有一位深受君主「倚任」之將王保義，亦為燕人。
史載，荊南高氏，「其諸將之倚任者，則有王保義。保義本姓劉，名去非，幽
州人。」劉去非少為縣吏，粗暴無行，習騎射，敢鬥擊，為幽州軍閥劉仁恭
之子劉守奇所賞識，「唯去非許以為能」。劉守奇以其兄劉守光篡父位，亡入
契丹，又自契丹奔太原。劉去非雖「粗暴無行」，卻有忠義情懷，緊隨劉守奇
奔走。劉守奇助晉軍攻戰有功，為晉將周德威嫉妒，「德威害其功，密告莊宗，
言守奇心不可保」。莊宗企圖以「計事」為名害守奇，為劉去非識破，勸劉守
奇投奔後梁。後梁以劉去非為河陽行軍司馬、郢州刺史。「及莊宗平河、洛、
去非乃棄郡歸高季興，為行軍司馬，仍改易姓名。自是季興父子倚為腹心，
凡守藩規劃，出兵方略，言必從之」，後任武泰軍節度留後。〔註 38〕

在北方契丹政權中，亦有一位能文能武，頗受契丹主寵幸的燕人韓延徽。
韓延徽，字藏明，幽州安次人。史載韓延徽「少英（傑出的、超眾的），燕帥
劉仁恭奇之，召為幽州府文學、平州錄事參軍，同馮道祗候院，授幽州觀察
節度使」。後奉命出使契丹，契丹主愛其才，留之不遣。韓延徽在契丹不僅成
為契丹主的重要謀臣，「攻党項、室韋，服諸部落，延徽之籌居多」。唐末，
許多漢人躲避戰亂，流入契丹，或被俘羈留契丹。如何使這些漢人安居樂業，
發展生產，是契丹統治者不可迴避的問題。韓延徽「乃請樹城郭，分市廛，
以居漢人之降者。又為定配偶，教墾藝，以生養之。以故逃亡者少」。韓延徽
還奉命率軍征戰，如曾從征渤海，「與諸將破其城，以功拜左僕射」。又與康
默記攻長嶺府，拔之。正因為功勳顯赫，韓延徽在契丹國地位崇高，先後任
政事令、崇文館大學士、南京（北京）三司使、南府宰相等，「中外事悉令參
決」。史家對韓延徽的評價也很高，謂：「太祖（耶律阿保機）初元，庶事草
創，凡營都邑，建宮殿，正君臣，定名分，法度井井，延徽力也。為佐命功
臣之一」。〔註 39〕

揚名於異國他鄉的燕人不僅是憑他們的忠直品格、卓越武藝，還憑他們
的文化成就。正如李淑蘭先生所言：「幽薊一帶雖然地處邊鄙，又受北方游牧

〔註 37〕陸游《南唐書》卷 13，《潘祐傳》。
〔註 38〕《舊五代史》，第 1753～1754 頁。
〔註 39〕《遼史》，第 1231～1232 頁。

族的影響，習武善獵者頗多，但也不乏文雅之士，有許多成爲歷史上的文化名人」。〔註40〕不少燕人在從政之餘，致力於文化事業，在史學、文學等方面都有所建樹。如史學方面，高遠對吳國（南唐）歷史的撰著就很有成就。起初，南唐國主命兵部尚書陳濬修前朝吳國史，未成而卒；其後充史職者多貴遊或新進少年，纂述殆廢。「（高）遠自保大中預史事，始撰烈祖實錄二十卷，敘事詳密」；後主朝，高遠與徐鉉、喬匡舜、潘祐共成《吳錄》二十卷。另外，高遠「又自撰元宗實錄十卷，未及上，會屬疾，取史稿及他所著書凡百餘卷悉燔之。」〔註41〕投奔南唐的燕人高越則擅長辭賦，「是時（高）越與江文蔚俱以辭賦知名」。〔註42〕投奔於晉的馬郁也在詞賦創作方面有較大影響，能「抽筆操紙，即時成賦」。

　　總而言之，五代時期的戰爭與動亂，爲各路群雄的崛起創造了契機，同時也爲各方面的人才施展抱負、才藝提供了舞臺。其中，許多燕人或以其勇悍善戰，累積軍功而成爲大將；或以其傑出文才，協助軍閥開創霸業，成爲重要文臣。這些燕人在禦敵防邊及平定內亂中多有顯赫功勳、在治理地方上有卓越政績，他們清直爲人，不阿權貴，不少燕人還以其文才武功或高尚品格揚名於異國他鄉。唐末五代的燕人群體在歷史舞臺上扮演了重要的角色，發揮了積極的作用。

引用文獻

〔1〕復旦大學歷史地理研究所，《中國歷史地名辭典》〔M〕，南昌：江西教育出版社，1986年。

〔2〕歐陽修，《新五代史》〔M〕，北京：中華書局，1974年。

〔3〕薛居正，《舊五代史》〔M〕，北京：中華書局，1976年。

〔4〕司馬光，《資治通鑒》〔M〕，北京：中華書局，1956年。

〔5〕陸游，《南唐書》〔M〕，四庫全書本。

〔6〕譚新生，《北京通史簡編》〔M〕天津：南開大學出版社，2004年。

〔7〕馬令，《南唐書》〔M〕，四庫全書本。

〔8〕李淑蘭，《北京史稿》〔M〕，北京：學苑出版社，1994年。

〔9〕脫脫，《遼史》〔M〕，中華書局，1974年。

〔註40〕《北京史稿》，第73頁。
〔註41〕陸游，《南唐書》卷9，《高遠傳》。
〔註42〕馬令，《南唐書》卷15，《高越傳》。

四十六、略論五代名將李存勖

　　張貽玖著《毛澤東讀史》（中國友誼出版公司1991年10月版）載：在中國革命的戰爭年代，毛澤東為了吸取歷史的經驗教訓，勤於讀史。當讀到《通鑑紀事本末》所記後梁李存勖率大軍進取汴京之前，將妻劉氏及兒子遣歸興唐，與之訣別說：「事之成敗，在此一舉，若其不濟，當聚吾家於魏宮而焚之！」時，毛澤東深為李存勖這種破釜沉舟的豪言壯氣所感動，對這段記載逐字加了旁圈，並在史書天頭上批註道：「生子當如李亞子。」

　　李亞子是唐朝末年以鎮壓黃巢農民起義而聞名於史的沙陀族將領李克用長子李存勖的小名。李存勖於後梁開平二年（908）承襲父位為晉王，成為五代河東割據勢力的最高軍事統帥，統率軍隊南征北戰，馳騁沙場十五年，終於在後梁龍德三年（923）稱帝，建都洛陽，國號唐，史稱後唐。十五年中，他圓滿地實現了父王的遺願：滅劉仁恭，滅朱溫，給契丹以沉重的打擊。他是五代史上叱吒風雲的名將，有顯赫的戰功，有超人的勇氣，有深謀遠慮。可是，誰能料到，他在成為指揮千軍萬馬的軍事統帥時，年僅24歲！

　　朱溫稱帝建立後梁的第二年（908），受唐所封的晉王李克用疽發於首，含恨而歿。臨終時，李克用將李克寧、李存璋、張承業等人召集身旁，囑託他們齊心協力扶助其子、晉州刺史李存勖為嗣，說：「此子志氣遠大，必能成吾事，爾曹善教導之！」並以三支箭授李存勖，囑咐曰：「一矢討劉仁恭，汝不先下幽州，河南（後梁）未可圖也；一矢擊契丹，且曰阿保機與吾把臂而盟，結為兄弟，誓復唐家社稷，今背約附梁，汝必伐之；一矢滅朱溫。汝能成吾善志，死無恨矣！」（《資治通鑑》卷266，注引《五代史闕文》）李存勖將這三支箭藏於武皇（李克用）廟庭。以後，其軍事活動，正是圍繞這三個

目標進行的。

一矢滅劉仁恭

　　劉仁恭在唐末原爲一鎮之將，攻幽州不逞，投靠河東。李克用「遇之甚厚，賜田宅以處之」，並出兵攻克幽州（今北京），以劉仁恭爲幽州節度使。劉仁恭在幽州立足之後，即與李克用反目爲仇，拘殺在幽州的晉將晉卒，「復以厚利誘晉之驍將，由是亡者眾矣」。李克用率軍討之，卻兵敗安塞，將士死傷大半。劉仁恭以幽州爲中心，割據一隅，擁有較強的實力。不消滅劉仁恭，河東要與汴梁爭衡，必然會受到掣肘，處於背腹受敵的不利態勢。李克用生前就對此有了清醒的認識。他臨終前囑託李存勗要先滅劉仁恭，這在戰略上是完全正確的。

　　後梁初年，劉仁恭統治集團內部矛盾尖銳激化，父子同室操戈，相煎甚急，其勢力四分五裂。劉仁恭次子劉守光戰勝並囚禁了父親劉仁恭後，又擊敗了倚靠契丹的長兄劉守文，並將其斬殺。開平三年（909），志得意驕的劉守光在幽州稱燕王；乾化元年（911）八月，在幽州即皇帝位，國號「大燕」。劉守光雖然稱帝一方，但早已眾叛親離；其所統之軍又是「籍境內丁壯，悉文面爲兵，雖士人不免」（《資治通鑒》卷 268），實乃烏合之眾。深於謀略的李存勗認爲這是滅幽燕，實現父王一大遺願的良機。他一方面採取「欲擒故縱」的手段，迎合劉守光驕矜的心理，遣使者致賀，頌其功德，縱其作惡；另一方面，則秣馬厲兵，調兵遣將，作好了滅劉氏的戰備。

　　稱帝之後，劉守光急欲拓展地盤，率先發兵二萬攻易、定、容城。趙王王鎔向河東求援。李存勗即命蕃漢馬步總管周德威將兵三萬攻幽州以救之。晉軍與趙軍聯合，迅速攻克祁溝關，降服涿州，兵臨幽州城下！在山窮水盡之際，劉守光向契丹求援，未成，只得向晉軍請和。乾化三年（913）十一月，晉王李存勗自詣幽州，在城下歷數劉守光罪惡，督諸軍四面攻城，克之，執劉仁恭及其家族三百口。次年正月，晉王以練繫縛劉仁恭父子，「凱歌入於晉陽」（《資治通鑒》卷 269）。

一矢擊契丹

　　李存勗滅了幽、滄劉氏，兼併了河北之地後，勢力大盛。正在此時，後梁統治集團內部爭權奪利，互相廝殺，境內百姓又聚眾起義反抗，使後梁自

顧不暇，爲河東勢力的大發展創造了極爲有利的條件。但是，就在李存勖統兵南下，與汴梁爭衡之時，契丹卻常乘晉後方空虛縱兵入侵，使晉有後顧之憂。李存勖認識到，不給契丹以沉重打擊，敗其兵鋒，挫其銳氣，無法專志滅梁。於是，李存勖在與汴梁作戰的同時，不惜分兵迎擊契丹。

河東與契丹最激烈的戰爭有兩次。一次發生在後梁貞明三年（917）。是年三月，契丹攻陷新州後，又大敗周德威軍，氣焰囂張，「乘勝進圍幽州，聲言有眾百萬，氈車毳幕彌漫山澤」（《資治通鑒》卷 269），將幽州圍困近二百日。李存勖在與後梁決戰河上，兵力不足的情況下，先派遣李嗣源、閻寶二軍，後又增派李存審一軍，共步騎七萬，會於易州。當時，契丹軍在數量上佔據優勢，且騎兵眾多。據此，晉軍捨棄平原，於山中行進，又伐木爲「鹿角」，人持一枚，止則成寨，使契丹軍無法發揮騎兵之優勢。交戰的結果，「契丹大敗，席卷其眾自北山去，委棄車帳鎧仗羊馬滿野」；晉兵追擊，又俘、斬萬計（《資治通鑒》卷 270）。另一次在龍德元年（921）十一月。契丹主在漢人盧文進、王郁的勾結唆使下，「悉發所有之眾而南」，迅速攻陷涿州。李存勖親自率親軍五千迎敵。當時，面臨契丹大軍，晉軍軍心搖蕩，「將士皆失色，士卒有亡去者，主將斬之不能止」。部分將領建議退守魏州，避其銳氣。李存勖並未因此動搖。他激勵將士說：「吾以數萬之眾平定山東，今遇此小虜而避之，何面目以臨四海！」（《資治通鑒》卷 271）親自率軍先進。至新城北，李存勖分兩軍進擊。時沙河橋狹冰薄，契丹陷溺死者甚眾。契丹主獲悉前鋒挫敗，舉眾退走。李存勖爲了給契丹軍更沉重的打擊，率軍繼進，在望郡與契丹軍接戰，大敗契丹。時值大雪彌旬，平地數尺，契丹軍「野無所掠，馬無芻草，凍死者相望於路」（《舊五代史》卷 137）。其後，契丹長時間不敢南犯。

一矢滅朱溫

李存勖既滅劉仁恭，又挫敗契丹，減輕了後顧之憂，便悉力南向經營魏博，發起了攻勢凌厲的滅梁戰爭。

朱溫與河東李氏集團的矛盾，早在唐中和四年（884）即已形成。當時，朱、李都是唐朝鎮壓農民起義的中堅力量。朱溫爲了獨擅其功，發兵突襲駐紮於汴州上源驛的李克用軍隊，幾致李克用於死地。此後，朱、李矛盾和鬥爭成爲唐末北方政局的核心。李克用死後，滅梁的使命落到李存勖肩上。

朱溫稱帝建國後，其統治集團內部出現了矛盾分化。趙王王鎔原是朱溫

的一支得力的聯盟力量，但這一聯盟因朱溫的猜疑而破裂。開平四年（910）底，王鎔轉而投靠河東，推晉王李存勗為盟主，約以合兵攻梁。在是否接納王鎔這一問題上，河東統治集團內分歧很大。多數將佐認為，王鎔久臣朱溫，歲輸重賂，又結以婚姻，其交極深，投靠必是詐偽。李存勗卻自有見解。他認為，當今亂世，人人無非擇利害而動，有利則合，無利則分，天下哪有不散的筵席？如果疑而不救，正中朱溫下懷；不如發兵救之，與之結盟，壯大自己的力量，為最終消滅朱溫創造條件。於是，他力排眾議，以蕃漢副總管李存審守晉陽，自己親自率軍自贊皇東下，命周德威發兵出井陘。兩軍會合於趙州，進逼駐紮在柏鄉（今河北柏鄉縣）的後梁軍營，五代史上規模較大的柏鄉之戰由此爆發了。李存勗採納周德威的按兵持重、誘敵離營的作戰方針，使河東騎兵及善守不善攻的趙軍能充分發揮戰鬥力。戰爭的結果，「梁軍大敗，棄鎧投仗之聲，震動天地，龍驤、神威、神捷諸軍，殺戮殆盡，至柏鄉數十里，僵屍枕藉，敗旗折戟，所在蔽地」（《舊五代史》卷37）。這一戰，不僅壯大了晉軍的聲威，削弱了後梁的軍事力量，嚴重挫傷了梁軍的士氣，也加劇了後梁統治集團內部的矛盾。舊史對李存勗此舉很讚賞，認為他「識虛實，見兵勢」（《資治通鑒》卷 267，胡三省注），具有深遠的政治和軍事目光。

　　乾化二年（912），朱溫次子郢王朱友珪勾結禁軍，弒朱溫奪得皇位。次年，朱溫第三子均王朱友貞又聯合禁軍，殺友珪，稱皇帝。恰在此時，後梁天雄節度使兼中書令、鄴王楊師厚卒。後梁為了削弱魏博勢力，除腹心之蠹，分魏博六州為兩鎮，導致魏博兵亂，招河東為援。後梁從中央到地方的變亂，無異於厝火積薪，其統治已岌岌可危。

　　李存勗知機識變，毅然率軍緩帶輕裘而進，河北六鎮數十州之地悉歸於晉。後梁貞明三年（917）十一月，黃河冰合，為晉軍渡河作戰鋪平了道路。晉軍渡河後，迅速攻破梁軍在河南設置的防線，一舉攻下了後梁的軍事重鎮楊劉城，又成功地聯合了奚、契丹、室韋、吐谷渾等少數民族軍隊，力量更加強盛，軍容更為雄壯。後唐龍德三年（923），李存勗乘大好形勢，於魏州（今河北冀縣）稱帝，國號唐，史稱後唐。

　　晉軍渡河後，後梁末帝命王彥章、段凝統兵，負隅頑抗。戰爭十分激烈殘酷。此時，晉軍出現叛變，契丹又擾北方。有人主張梁、晉媾和，割地退兵，伺機再舉。李存勗最終接受謀臣郭崇韜、宿將李嗣源之策，決計一鼓作

氣，滅掉後梁。爲了向將士們表示破釜沉舟、有進無退的決心，他將妻、兒及隨軍家屬遣回魏州，命李嗣源爲先鋒，自領大軍繼後。後唐大軍自楊劉出發，勢如破竹，以迅雷不及掩耳之勢，直抵汴梁城下。後梁將臣驚惶請降，梁末帝在侍衛刀下喪命。段凝大軍在前線聞訊，全軍解甲投降。後梁滅亡。

勇謀雙全

李存勖令當時許多軍閥將帥歎服，令後來許多學者讚賞，並不僅僅在於其戰功顯赫，更在於他勇謀雙全。

史稱李存勖「勇而好戰，尤銳於見敵」（《新五代史》卷25）。作爲最高軍事統帥，李存勖常常身先士卒。如在柏鄉之戰中，他對老將周德威說：「兩軍已合，勢不可離。我之興亡，在此一舉。我爲公先登，公可繼之！」（《資治通鑑》卷 267）他甚至親自率領少數騎兵偵察敵情。由於李存勖「好自引輕騎迫敵營挑戰，危窘者數四」，當時河東將臣紛紛對他進行苦諫，勸他不要「自輕如此」。李存勖慨然曰：「定天下者，非百戰何由得之！安可深居帷房以自肥乎！」（《資治通鑑》卷 270）因此，當時許多人對李存勖都評價甚高。王鎔曾說「晉王夾河血戰，櫛風沐雨，親冒矢石」（《資治通鑑》卷 271）；後梁大臣敬翔也曾上疏均王，說：「臣聞李亞子繼位以來，於今十年，攻城野戰，無不親當矢石，近者攻楊劉，身負束薪爲士卒先，一鼓拔之」（《資治通鑑》卷 270），建議均王向李存勖學習。

司馬光稱李存勖爲「善戰者」，謂其「深知用兵之術」，「故能以弱晉勝強梁」（《資治通鑑》卷 294），充分肯定了李存勖的謀略。早在後梁初年，李存勖規勸其父蠲棄前嫌，聯合劉仁恭；以及力排眾議，接納王鎔，共同對抗朱溫，已可窺見其不同尋常的見識。開平元年（907），後梁大軍圍攻上黨（潞州）。上黨孤城無援，情勢危若累卵。李存勖對上黨的戰略意義很明白，他對諸將說：「上黨，河東之藩蔽，無上黨，是無河東也。且朱溫所憚者獨先王耳，聞吾新立，以爲童子未閒軍旅，必有驕怠之心。若簡精兵倍道趣（趨）之，出其不意，破之必矣。取威定霸，在此一舉，不可失也！」於是，李存勖自晉陽發兵救上黨。在一個大霧彌漫的早晨，對圍城梁軍發動突襲。梁軍「亡失將校、士卒以萬計，委棄資糧、器械山積」（《資治通鑑》卷 266），解了上黨之圍。無怪乎鎮國節度使康懷貞聞訊梁軍兵敗上黨，盛歎「生子當如李亞子」（同上）了；就連老謀深算的朱溫也懼而歎曰：「生子當如是，李氏不亡

矣！吾家諸子乃豚犬爾！」（《舊五代史》卷 27）

　　一千多年以後的當代偉大的政治家、軍事家毛澤東，在閱讀了這段歷史後，批註道：「已成摧枯之勢，猶獻退兵之謀，世局往往有如此者。此時審機獨斷，往往成功」。毛澤東對李存勗在謀略上的「審機獨斷」大加讚賞，稱李存勗是「識事務之俊傑」。（張貽玖《毛澤東讀史》，第 136、138 頁）

四十七、略論耶律阿保機

在 10 世紀初我國北方廣袤的草原上，契丹族的首領耶律阿保機叱吒風雲，率領著千軍萬馬，東征西討。十多年的時間裏，不僅統一了契丹各部，而且征服了周鄰各部族，建立起規模宏大的契丹國（後改稱爲遼），結束了我國北方、東北方長期以來的分裂割據狀態，促成了我國北方各民族的大融合，促進了我國漠北地區的經濟開發，爲元朝實現中國大統一奠定了堅實的基礎。

阿保機生於唐朝咸通十三年（872），出自契丹八部中的迭剌部耶律家族，因姓耶律氏。唐天復元年（901），阿保機被選爲迭剌部夷離堇，[註1]並擔任「專征討」的軍事統帥。三年後，他被授予于越尊號（僅次於可汗的一個尊號。《欽定遼金元國語解》曰：此職「非有大功德者不授」），並「總知軍國大事」，從此掌握了契丹八部的軍事大權。是什麼把阿保機推上契丹族領袖的地位呢？

是阿保機顯赫的功勳。阿保機的祖先累代爲迭剌部酋長，且屢膺聯盟軍事統帥之選。這樣的家庭出身和從小受到的薰陶，使阿保機在青少年時期就參與了攻掠鄰部的戰爭活動，鍛鍊了他的魄力和膽略。阿保機治軍有方，連稱雄於中原的晉王李存勗也自歎不如。有一年，阿保機從河北撤軍北回，「晉王引兵躡之，隨其行止，見其野宿之所，布藁於地，回環方正，皆如編翦，雖去，無一枝亂者，歎曰：『虜用法嚴乃能如是，中國（中原）所不及也！』」（《資治通鑒・後梁紀六》）。而當時，周鄰諸部族，由於種種原因，都先後趨於衰落；中原統一強大的唐王朝早已土崩瓦解，取而代之的是藩鎮割據，軍閥混戰，

[註 1] 《契丹國志》卷一《太祖大聖皇帝》作「夷離巾」，謂：「猶中國刺史」。

民不聊生。阿保機任夷離菫時，「專征討，連破室韋、于厥及奚帥轄刺哥，俘獲甚眾」；902 年七月，「以兵四十萬伐河東代北，攻下九郡，獲其戶三百。九月，復攻下河東懷遠等軍。冬十月，引軍略至薊北，俘獲以還」（《遼史‧本紀第一》）。由於阿保機「生而拓落多智，與眾不群」，又「雄健勇武，有膽略」，因此，「部落憚其雄勇，莫不畏而服之。」（契丹國志）卷一）顯赫的功勳，顯示出阿保機的聰明才智和軍事才能，贏得了契丹人民的敬仰。

西元 907 年，就在中原朱溫稱帝的同一年，阿保機設壇即位，繼任契丹可汗。

西元 916 年，阿保機在通過一系列戰爭，已據有東際海（今遼東灣），南暨白檀（今河北密雲縣），西踰松漠（今西拉木倫河上源平地松林），北抵潢水（今西拉木倫河）這樣廣闊疆域的基礎上，在漢族士人的幫助下，建立了號為「契丹」的國家，定都臨潢（今內蒙古巴林左旗東南波羅城），自稱「大聖大明天皇帝」。契丹國家的建立有著劃時代的意義。它標誌著契丹民族結束了漫長的原始社會歷史，步入了文明時期，即階級社會。我國的歷史也因為契丹國的建立而呈現出了新的面貌。

建立國家，實現統一，這是大勢所趨，民心所向。但在阿保機任可汗以後，一連發生了三次不利於國家，不利於統一的叛亂。叛亂集團由迭刺部貴族組成，其中以阿保機諸弟為首。故史稱這三次叛亂為「諸弟之亂」。

第一次叛亂發生在阿保機任可汗的第五年（911）。為首者是阿保機同母所生的四個親弟：刺葛、迭刺、寅底石、安端。這次叛亂因被告發而未遂。第二次叛亂發生於 912 年，為首者除阿保機諸弟外，阿保機的叔父耶律轄底及堂兄耶律滑哥也參與其中，反叛隊伍進一步壯大。這次叛亂很快被平定。第三次叛亂發生於 913 年。這次叛亂經過了精心的籌劃。刺葛使皇弟迭刺哥與安端等「紿稱入覲」，擁千餘騎至。陰謀被阿保機識破，拘執了行叛者。刺葛孤注一擲，「引其眾至乙室菫淀，具天子旗鼓」，公開分裂行叛。叛軍「遣其黨寅底石引兵徑趨行宮，焚其輜重、廬帳，縱兵大殺。……其黨神速姑復劫西樓，焚明王樓」。阿保機之妻述律氏急遣蜀古魯往救，僅得天子旗鼓而已。由於叛軍力量強盛，來勢兇猛，阿保機不得不借助室韋、吐谷渾軍隊的幫助進行鎮壓。阿保機率兵追至土河，一方面秣馬厲兵，但表面上裝著若無其事，以麻痺叛軍；另一方面選輕騎疾速前進，設伏於叛軍之前。叛軍至柴河，為伏兵所敗。叛將或自殺或束手就擒，無一走脫。這次歷時兩個月才平定的叛

亂，給契丹社會造成了嚴重的危害。

對於破壞性不大的第一、二次叛亂，阿保機從寬處置。第一次平亂後，「上
（阿保機）不忍加誅。乃與諸弟登山刑牲，告天地為誓而赦其罪」；第二次平
叛後，「上猶矜憐，許以自新」（《遼史·本紀第一》）。對於危害嚴重的第三次
叛亂，阿保機採取了較為嚴厲的打擊措施，將耶律滑哥「與其子痕只俱陵遲
而死，敕軍士恣取其產」（《遼史·逆臣上》）；令耶律轄底自投崖而死，並將
諸部帳參與謀逆者三百餘人棄市。自諸弟構亂，府之名族，多罹其禍。

叛亂發生的原因是：第一，叛亂者擁有雄厚的力量。「太祖以迭刺部受禪，
分本部為五院、六院，統以皇族」（《遼史·兵衛志中》）；「遼之秉國鈞，握兵
柄，節制諸部帳，非宗室外戚不使」（《遼史·逆臣傳論》）。反叛者掌握了用
兵大權，故敢輕舉妄動。第二，阿保機破壞了部落三年一選汗的傳統原則，
使其他皇族成員失去了當選的機會。叛亂者都曾追隨阿保機征討，立過戰功，
有一定威望。按傳統選汗原則，他們有資格當選為汗。但阿保機當選可汗後，
滿期而不願退出汗位，使他們只能望位興歎。第三，「時制度未講，國用未充，
扈從未備」。沒有法律的約束，可汗護衛又不嚴，使反叛者有機可乘，「往往
覬非望」（《遼史·耶律曷魯傳》）。

針對這種情況，平亂之後，阿保機採取了一些防止叛亂、鞏固統一的措
施：

首先，強幹弱枝，建立皇帝親軍，削弱部族力量，剝奪臣下權力。阿保
機在處死耶律轄底前問他有何見教。轄底答曰：「迭刺部人眾勢強，故多為亂，
宜分為二，以弱其勢」（《遼史·逆臣上》）。阿保機採納了這一建議，將迭刺
部分為兩部；並且，原品部以下六部的夷離董，阿保機均改為「令隱」，也就
是剝奪了他們領兵之權，只讓他們在國家機關中辦事，成為聽命於皇帝的大
臣。同時，吸取過去因「親衛缺然」，使反叛者能肆意焚劫行宮的教訓，「以
行營為宮，選諸部豪健千餘人，置為腹心部」（《遼史·百官志二》），建立了
一支皇帝親軍。這支皇帝親軍「兵甲犀利，教練完習」（《遼史·兵衛志中》），
具有很強的戰鬥力；而且他們集兵民二任於一身。這不僅加強了皇室的軍事
力量，也壯大了皇室的經濟力量。

其次，制訂法律。阿保機認識到：「凡國家庶務，鉅細各殊，若憲度不明，
則何以為治，群下亦何由知禁。」神冊六年（921），「乃詔大臣定制契丹及諸
夷之法」。法律規定：「親王從逆，不磬諸甸人（磬，是縊殺於隱處；甸人，

是管理郊野之官。謂不交給甸人而將從逆者秘密處死），或投高崖殺之；淫亂不軌者，五車轢殺之；……訕詈犯上者，以熟（燒紅的）鐵錐撐其口殺之。從坐者，量罪輕重杖決。杖有二：大者重錢五百，小者三百。又為梟磔、生瘞、射鬼箭（亂箭射殺）、砲擲、支解之刑」（《遼史・刑法志上》）。這是契丹歷史上第一部成文法。法律規定對犯上謀逆者嚴刑鎮壓，使反叛者不得不有所收斂。由於阿保機「法令嚴明，諸部皆畏伏之」（《五代會要・契丹》）。阿保機建國後，終其天年，再沒有發生過反叛事件。

再次，弭兵輕賦。三次叛亂破壞甚巨。平亂後，阿保機實行「弭兵輕賦，專意於農」（《遼史・食貨志上》）的政策，發展生產，恢復經濟；並誅酷吏，決滯獄，省風俗，議朝政，收攬民心，以安邦治國。

這些措施的付諸實行，使契丹國不斷壯大，統一不斷鞏固。

阿保機當選為可汗後，當時的契丹社會，已具備了建立國家的形勢和要求。但是，新制度代替舊制度的變革，不可避免地總要經過一番新、舊勢力之間的激烈鬥爭。

按照舊傳統，契丹八部大人三年一會聚，於各部內推選雄勇有謀略者立之為主，舊汗退位，例以為常，「被代者以為約本如此，不敢爭」（《新五代史・四夷附錄第一》）。阿保機英明多智，又豁達大度，深得契丹境內漢族人民的愛戴。這些漢人飽受了中原藩鎮割據混戰之苦，顛沛流離到了漠北，尋找到一塊可以棲身之地。他們希望契丹統一強盛，使他們不再遭受戰亂之苦。他們把這一希望寄託在阿保機身上，冀望他永遠成為契丹的首領。「韓知古、韓穎、康枚、王奏事、王郁，皆中國（漢族）人，共勸太祖不受代」。阿保機「由此用其教，不受諸族之代」（《資治通鑑・後梁紀一》）。這種明目張膽地向舊制度挑戰的行為，自然招致八部守舊貴族的不滿和反抗。他們籌劃著以暴力將阿保機趕下可汗大位。

就在阿保機任可汗的第九年，後梁貞明元年（915），八部酋長趁阿保機親征黃頭室韋凱旋而歸時，於中途設下伏兵，以武力脅迫阿保機退位。阿保機既已中伏，別無良策可施，只得交出作為可汗權力的象徵物──旗鼓。但阿保機畢竟多智。他向八部貴族請求以所得漢人自為一部，墾荒種田。鼠目寸光的舊貴族欣然應允。從此，阿保機率漢人築漢城，開鹽池，植五穀，發展生產，爭取民心，積蓄力量。次年，反擊的時機已成熟，阿保機用其妻之謀，「使人告諸部大人曰：『我有鹽池，諸部所食，然諸部知食鹽之利，而不

知鹽有主人，可乎？當來犒我。』」諸部大人中計，「以爲然，共以牛酒會鹽池。阿保機伏兵其旁，酒酣伏發，盡殺諸部大人，遂立，不復代」（《新五代史・四夷附錄第一》）。

清除了守舊勢力的障礙，阿保機掙脫了舊制度的羈絆，爲契丹社會生產力的發展開闢了廣闊的前程。

阿保機之所以能在集中精力征戰，開拓疆土的同時，又能使國內人民安居樂業，生產發展，這與他個人具有許多優秀的品質分不開。例如，他能吸取教訓，知錯即改。原來，阿保機也蓄伶人，養鷹犬，好飲酒。當他得知後唐莊宗李存勗因此而致政治腐敗，人心離散，終致國亂身亡時，說：「我自聞之，舉家不飲酒，散遣伶人，解縱鷹犬。若亦傚吾兒（阿保機曾與李克用結拜兄弟，故稱李克用子李存勗爲兒）所爲，行自亡矣！」（《契丹國志》卷一）。又例如，他虛懷若谷，愛才如渴，能打破民族畛域，大刀闊斧地重用漢族知識分子，讓他們居顯位，握大權，參加契丹國家的建設。這些受到阿保機重用的漢族知識分子，發揮他們的聰明才智，在契丹境內，安置戰俘，訂立制度，發展經濟，對契丹國家的鞏固和發展，都作出了重大的貢獻。故史家評論曰：「神冊初元，將相大臣拔起風塵之中，翼扶王運，以任職取名者，固一時之材；亦由太祖推誠御下，不任獨斷，用能總攬群策而爲之用歟！」（《遼史》卷七十五）